A Bruxaria das Águas

Magia e Histórias da Tradição Celta

Annwyn Avalon

A Bruxaria das Águas

Magia e Histórias da Tradição Celta

Tradução:
Soraya Borges de Freitas

Publicado originalmente em inglês sob o título *Water Witchcraft*, por Weiser Books, uma marca da Red Wheel/Weiser, LLC
©2019, Annwyn Avalon.
Fotos/imagens internas por TK®
Direitos reservados.
Direitos de edição e tradução para o Brasil.
Tradução autorizada do inglês.
© 2022, Madras Editora Ltda.

Editor:
Wagner Veneziani Costa (*in memoriam*)

Produção e Capa:
Equipe Técnica Madras

Tradução:
Soraya Borges de Freitas

Revisão da Tradução:
Jefferson Rosado

Revisão:
Arlete Genari
Ana Paula Luccisano

Dados Internacionais de Catalogação na Publicação
(CIP)(Câmara Brasileira do Livro, SP, Brasil)

Avalon, Annwyn
A bruxaria das águas: magia e histórias da tradição Celta/Annwyn Avalon; tradução Soraya Borges de Freitas. – 2. ed. – São Paulo: Madras, 2022.
Título original: Water witchcraft: magic and lore from the Celtic tradition
Bibliografia

ISBN 978-65-5620-000-2

1. Bruxaria 2. Celtas – Folclore 3. Esoterismo 4. Magia 5. Mitologia (Celta) I. Título.

20-34911   CDD-133.43

Índices para catálogo sistemático:
1. Bruxaria: Magia: Ocultismo 133.43
Maria Alice Ferreira – Bibliotecária – CRB-8/7964

E proibida a reprodução total ou parcial desta obra, de qualquer forma ou por qualquer meio eletrônico, mecânico, inclusive por meio de processos xerográficos, incluindo ainda o uso da internet, sem a permissão expressa da Madras Editora, na pessoa de seu editor (Lei nº 9.610, de 19/02/1998).

Todos os direitos desta edição, em língua portuguesa, reservados pela

MADRAS EDITORA LTDA.
Rua Paulo Gonçalves, 88 — Santana
CEP: 02403-020 — São Paulo/SP
Caixa Postal: 12183 — CEP: 02013-970
Tel.: (11) 2281-5555
www.madras.com.br

*Dedicado a Gwragedd Annwn, Melusine, Sulis
e aos espíritos aquáticos que guiam minha mente
e meu coração, que forçaram meus dedos a escrever
quando eu estava perdida no redemoinho
da minha mente.*

*Um agradecimento especial à Chama Verde
e à Tempestade de Fogo, que me deram uma base
tão sólida para minha magia, contendo oceanos de
posiblidades. Ao Círculo da Lua Nascente, que honrou
minha voz e deu origem à minha habilidade aquática.
Para Duston e Tiffany, que me amaram, encorajaram
e acreditaram em mim.*

ÍNDICE

Prefácio 11
Introdução 15
   Magia Aquática 16
   Magia nas Moléculas 18

Capítulo 1
A Magia da Água 21
   Água com Qualquer outro Nome 22
   Altares e Santuários Aquáticos 29
      Exercício: Como criar um altar aquático 29
   Água Benta e Sagrada 30
   Ferramentas para Bruxas da Água 34
      Exercício: Meditação do glifo da água 37

Capítulo 2
Bruxas do Rio 39
   Rios e Córregos 40
   Espíritos dos Rios 41
      Exercício: Como se alinhar com um espírito do rio 44
   Canais, Fantasmas e Águas Escuras 46
      Enraizamento e Blindagem 47
      Enraizamento 48
      Exercício: Banho para enraizamento com descarga ... 49
      Blindagem 51
      Exercício: A cachoeira 52
      Exercício: A bolha protetora 52
      Exercício: A muralha de gelo 53
      Exercício: A onda gigante 53
   Limpeza e Purificação 54
      Limpeza 55
      Bênçãos de água 56

Exercício: Bênção com água-benta 57
Exercício: Limpeza da Lua Minguante 58
Exercício: Spray de cristal 58
Exercício: Spray herbal 58
Exercício: Uma rápida aspersão com ervas 59
Purificação 59
Exercício: Banho de purificação na Lua Cheia 60

Capítulo 3
Bruxas do Poço Sagrado 61
   Santos e Espíritos dos Poços 64
      Mãe Shipton e o poço gotejante 66
      Templo de Sulis 68
      Poço do Cálice 69
      A Fonte Branca 70
      Poço de São Madrono 71
      Fonte de Melusine 71
   Árvores e Poços Sagrados 73
   Outros Guardiões de Poços 75
   Minerais e Substâncias Químicas 76
   Simpatias e Costumes nos Poços 78
   Oferendas Votivas 81
   Fósseis de Amonites 82
   Clooties (Tiras de Tecido) 84
      Exercício: Simpatia com pano 85
      Exercício: Entrada no reino das fadas 85

Capítulo 4
Bruxas do Lago 89
   Lochs 90
   Cavalos-d'Água 91
   Damas do Lago e Donzelas d'Água 94
      Reservatório de Childs Ercall 95
      A Bruxa da Ilha Lok 95
      Cerridwen 98
      Gwragedd Annwn 99
      A Dama de Llyn y Fan Fach 100

A Dama do Lago 102
Cailleach e outros Espíritos Aquáticos................................. 104

Capítulo 5
Bruxas do Pântano 107
   Criaturas do Pântano.. 111
   Rãs e Sapos... 113
   Outros Espíritos do Pântano 117
   Orvalho... 118
      Exercício: Como transformar águas paradas escuras 120

Capítulo 6
Bruxas Marinhas 121
   Destroços e Detritos 123
   Magia Lunar... 124
      Exercício: Observação da lua.. 126
   Marés Oceânicas... 127
   Conchas 129
   Outros Tesouros Marinhos... 133
   Alga Marinha.. 138
   Simpatias Oceânicas Tradicionais 139
   Feitiços e Simpatias do Mar... 142
      Exercício: Como proteger os golfinhos 145

Capítulo 7
Espíritos Aquáticos Locais.. 147
   Visita às Águas... 149
   Como Coletar Água... 150
   Oferendas para a Água 153
      Exercício: Como escolher uma oferenda 156
      Exercício: Como evocar e contatar espíritos................. 156

Capítulo 8
Sereias e Seu Povo 159
   Contos do Mundo Aquático... 161
   Espíritos do Povo do Mar 164
   Animais Aquáticos... 172

Magia do Espelho e do Pente 175
   Exercício: Como encantar um espelho 177
   Exercício: Como pentear a água 177
   Exercício: Banho de sereia da Lua Negra 178

Capítulo 9
Poções Aquáticas 181
   Águas Florais Sagradas 183
      Exercício: Como fazer água floral 184
   Elixires de Cristal 184
      Exercício: Como fazer elixires de cristal diretos 184
      Exercício: Como fazer elixires de cristal indiretos 185
   Modo de Usar de Poções e Elixires 185
   Lavagens e Sprays Purificadores 188
   Banhos de Cura e Limpeza 190
   Banhos Sazonais 196
   Outros Banhos Ritualísticos 197
Conclusão 199
Bibliografia 201
Fontes na Internet 205
Índice de Exercícios Mágicos 207

Prefácio

Talvez tenhamos uma conexão sagrada com a água porque nossos corpos e nosso planeta são compostos em grande parte de água. Talvez seja porque, como declara a ciência, nós venhamos de fontes aquáticas. Muito antes do desenvolvimento da teoria da evolução, no entanto, histórias da criação em todo o planeta nos dizem que a vida na Terra se originou nas águas do mundo. De acordo com a mitologia babilônica, por exemplo, a deusa da água Tiamat era a mãe de tudo, incluindo os outros deuses e deusas. A história aborígene australiana da Serpente do Arco-Íris também credita a uma divindade aquática a nossa existência.

Deusas da água, tais como Anuket, Sulis, Oshun e Danu (de quem o rio Danúbio recebe o nome), têm um papel fundamental no folclore de culturas em todos os lugares. Nossos antepassados acreditavam em lagos, rios e mares atrelados a espíritos de todos os tipos. Em seu livro *The Secret Teachings of All Ages*, Manly P. Hall escreveu: "Segundo os filósofos da Antiguidade, cada fonte tinha sua ninfa, cada onda do oceano, sua oceânide. Os espíritos aquáticos eram conhecidos sob nomes como oréades, nereidas, limoníades, náiades, espíritos aquáticos, donzelas do mar, sereias e potâmides". Em geral, associamos a água com o feminino ou a força *yin*, por isso tantas entidades aquáticas são descritas como mulheres.

Hoje continuamos a venerar os cursos d'água do planeta Terra – tais como o rio Ganges, o lago Manasarovar no Tibete, o Poço do Cálice de Glastonbury, a gruta de Lourdes, o Lago Crater em Oregon. Nesses locais de força e mistério, peregrinos modernos buscam cura, purificação, consagração e transformação, assim como faziam séculos atrás. Até mesmo pessoas que não reconhecem a natureza espiritual da água compreendem intuitivamente suas propriedades curativas. Quem nunca se sentiu revigorado ao se sentar perto de uma cachoeira ou purificado depois de um mergulho em um lago frio? Frequentamos *spas* para "nos jogarmos nas águas" e vamos em peso para o litoral rejuvenescer nossas mentes e corpos. Aqueles que moram perto do oceano, como foi o meu caso por 31 anos, logo se tornam alinhados física, emocional e psicologicamente com suas marés variáveis.

Há inúmeras lendas também a respeito da natureza mágica da água. De acordo com o folclore celta, os espíritos malignos não poderiam atravessar água corrente. Fadas residiam em poços. Lagos serviam de portais para outras dimensões. Na mitologia grega, o rio Estige levava ao Mundo Inferior. Nas lendas arturianas, a Dama do Lago deu poder a Artur, concedendo-lhe a espada Excalibur. E todos jogamos moedas em um poço ou fonte esperando que nossos desejos se realizem.

À água desempenha um papel importante em muitas tradições e práticas mágicas. É um dos quatro elementos que servem de blocos de construção da vida (com o fogo, a terra e o ar). No tarô, ela é representada pelo naipe de copas. Três dos 12 signos do zodíaco – Câncer, Escorpião e Peixes – são signos da água. Na feitiçaria, o cálice e o caldeirão mágicos de uma bruxa são considerados ferramentas aquáticas. Um lago parado serve como um instrumento de leitura perfeito – diziam que o famoso vidente do século XVI, Nostradamus, ficava horas sentado observando uma tigela de água para prever o futuro.

Quando pensamos em magia aquática, costumamos nos lembrar de ferramentas de purificação e cristais, banhos ritualísticos e na formulação de poções ou elixires. Em *A Bruxaria das Águas*, Annwyn Avalon oferece uma miríade de informações a respeito dessas práticas; porém, ela também compartilha formas de usar a água magicamente que você jamais teria imaginado antes, como congelá-la para prender um inimigo, fazer bonecos de neve e derreter gelo para liberar energia presa. Explica também como explorar as propriedades do orvalho, do nevoeiro, da neblina, do granizo, da chuva e da geada – até o vapor do seu banho matutino. Cada tipo de água tem suas qualidades e usos práticos únicos na bruxaria. A água coletada durante um temporal com raios e trovões, por exemplo, é dotada de energia dinâmica que serve de combustível para feitiços agressivos. A água de um lago pacífico pode aliviar estresse e promover harmonia.

As entidades que guardam e ocupam os cursos de água terrestres também possuem uma grande variedade de características e poderes. Algumas são boas, outras são más ou muito perigosas. Annwyn (cujo nome se refere ao Além na mitologia galesa) descreve esses seres misteriosos, como as sedutoras Damas do Lago, e a magia negra das bruxas do pântano, explicando como lidar com eles em encontros nos planos físico ou espiritual.

A Bruxaria das Águas é também uma cornucópia de lendas e tradições baseadas no mar da Irlanda e das Ilhas Britânicas, além de incluir feitiços mágicos que utilizam ingredientes aquáticos. No passado, marinheiros acreditavam fervorosamente em encantamentos aquáticos e os empregavam muito; porém, as bruxas modernas podem usar presentes do mar em seus feitiços também. Annwyn compartilha seu amplo conhecimento das ferramentas aquáticas naturais: conchas, vidros do mar, seixos e pedras com buracos formados naturalmente pela água corrente, sal marinho, fósseis e cristais de quartzo que contenham bolhas de água (conhecidos como enidro). Plantas aquáticas – flores de lótus e vários tipos de algas marinhas – também possuem propriedades mágicas.

Nesta compilação de magia aquática, você encontrará exercícios, bênçãos, amuletos, encantamentos, feitiços e rituais. Gostei especialmente de seu feitiço para deter as empresas que danificam nossos oceanos. Ela recomenda: "Coloque o logotipo da empresa dentro de uma concha de marisco ou ostra. Embrulhe a concha com trepadeira, alga marinha ou uma rede de pescador. Na Lua Minguante, leve-a a um lugar onde três rios se encontram e a enterre perto de onde eles se cruzam, evocando os espíritos locais para auxiliá-lo. Você também pode deixar a concha no meio de uma encruzilhada, de preferência ao lado de um cemitério. Em qualquer caso, afaste-se e não olhe para trás".

Annwyn o encoraja a "desenvolver seu relacionamento pessoal com a água". Visite locais com água – lagos, rios, oceanos, pântanos – e sinta as energias especiais que existem lá. Comunique-se com o gênio ou os guardiões espirituais desses locais. Aprenda sobre as plantas e criaturas que vivem lá.

Nesse momento crucial, quando vivenciamos uma poluição maciça das águas do planeta e a mudança climática induzida pelo homem ameaça nossas costas litorâneas, vida marinha e futuras gerações, o chamado de Annwyn para honrar os espíritos das águas ressoa alto e verdadeiro. Imergir neste intrigante e informativo livro lhe dará um maior apreço pela água doadora de vida, da qual viemos e dependemos para manter nossa existência. *A Bruxaria das Águas* também o ajudará a sintonizá-lo com a força feminina arquetípica operando no nosso planeta e no universo. Além de capacitá-lo a trabalhar com essa energia criativa maravilhosa para gerar cura, abundância e felicidade para si e os outros.

Bendito seja,

Skye Alexander, autor de *Mermaids, The Myths, Legends, & Lore* e *The Modern Guide to Witchcraft*

Introdução

A água flui por nossos corpos e pela terra; dependemos dela pelo resto da vida. Nossos corpos são compostos de 70 a 80% de água e precisamos dela para sobreviver. Não conseguimos viver depois de três dias sem água. Ficamos enfraquecidos quando estamos desidratados. E não são apenas nossa carne e ossos que precisam de água – nossas almas a buscam também. Muitos de nós se sentem inexplicavelmente atraídos pelo oceano. Ansiamos estar na água de corpo e alma.

Até onde podemos nos lembrar, os seres humanos estiveram intimamente ligados com a água, tanto física quanto espiritualmente. Nós a associamos com divindades, espíritos, almas e criaturas de outras dimensões que encontram seus lares em corpos de água ou perto deles. Eles são muitas vezes o cenário para ocorrências sobrenaturais. Trabalhamos com água de uma maneira sagrada para nossas vidas, a de nossos filhos e para as vidas das divindades e dos espíritos que lá encontramos. Por toda a história, centenas, talvez milhares, das chamadas divindades e espíritos aquáticos – e assim como muitos obscuros e anônimos – apareceram em mitologias e lendas, e o folclore está repleto de histórias de poços mágicos, poços falantes, ninfas d'água, grandes deuses marinhos, entre outros.

Há muito tempo, as bruxas são associadas a esses espíritos aquáticos e a seus poderes sobrenaturais – veja, por exemplo, os praticantes tradicionais que rastreiam por água usando um ramo bifurcado. Mas há muitos outros tipos de magia e bruxaria aquáticas. Por ser uma pessoa de água, eu mesma comecei a explorar a magia aquática como um ofício e descobri uma variedade de práticas mágicas baseadas em volta do mar, de poços, fontes, rios e outros corpos de água. Meu objetivo neste livro é compartilhar com o leitor um pouco do que encontrei. Espero mostrar a história, o folclore e a mitologia da água, bem como alguns feitiços e ferramentas que podem ajudar bruxas modernas e praticantes de magia a adotar uma prática baseada na água. Embora essas tradições e práticas estejam presentes em todo o mundo, esta obra focará principalmente naquelas baseadas no folclore celta e britânico. Espero que a informação apresentada aqui enriqueça sua vida e sua atividade mágica geral, e o encoraje a trabalhar tanto no plano terreno como no astral para curar, proteger e nutrir nossas preciosas fontes de água.

Neste livro, exploraremos o folclore e a mitologia dos celtas e daqueles que os influenciaram. Descobriremos como cultuavam a água, o modo como a honravam e os relacionamentos que tinham com os espíritos e as forças sobrenaturais que vivem nela. Como este é um livro de bruxaria, examinaremos e consideraremos essas histórias da perspectiva daqueles que veem verdade no sobrenatural. Você escolhe se as vê como relatos precisos transmitidos pelas eras, como lendas populares exageradas, para tentar compreender fenômenos desconhecidos ou valores culturais, ou até como lições de moral. Independentemente de como as enxerga, essas histórias dão acesso ao Outro Mundo e pistas sobre como interagir com ele. Como tais, elas podem servir de alicerce para uma prática moderna para todos os bruxos e bruxas ligados à água.

Magia Aquática

Uma bruxa de água moderna é simplesmente alguém que trabalha com água e está profundamente ligada com ela e os espíritos que vivem lá. Quando falo em água, não me refiro apenas ao oceano ou a grandes lagos, mas também a chuva, neve, pântanos, rios, córregos e lagoas, bem como muitas outras formas de água natural que chamem nossa atenção.

A bruxaria aquática é muito semelhante à magia e à bruxaria marinhas. Na verdade, as bruxas de água misturam a magia marinha com seu ofício, focando os ciclos lunares e das marés, coletando suas ferramentas na praia e integrando conchas, madeira flutuante e plantas marinhas aos seus trabalhos. Mas as bruxas marinhas costumam limitar-se à praia, enquanto as aquáticas podem ser encontradas em qualquer lugar – perto de lagos e rios, em volta de poços sagrados, ao lado de rios e lagoas. E embora não haja uma "tradição de magia aquática" universal, a maioria das bruxas do mar e da água costuma trabalhar de maneira semelhante e suas práticas variam apenas de acordo com seu corpo de água escolhido, treinamento e sua preferência de caminho. O que as une é a água em suas muitas formas.

Simplificando, a magia aquática é um ofício baseado em corpos de água que usa plantas aquáticas e outros objetos naturais encontrados perto da água, e funciona principalmente com espíritos e divindades associados a ela. Esse ofício está fundamentado no folclore antigo a respeito da água, desenvolvido nas tradições do povo rural e preservado em ambas as práticas, pagã e cristã antigas, concentrado nas Ilhas Britânicas, na Bretanha e em outras regiões celtas. Embora nem todas as histórias apresentadas aqui tenham sido retiradas da tradição celta, essas histórias são coletadas de terras onde os antigos celtas exerciam uma forte influência e seus descendentes preservaram suas tradições.

Os celtas acreditavam que a água era sagrada, representava um lugar limiar, um portal para o Outro Mundo, Annwn, Avalon e as dimensões ancestrais. Quando os romanos ocuparam a Bretanha, sua cultura influenciou bastante e se misturou com muitas das práticas celtas. Em vários casos, os romanos simplesmente assumiram rituais sagrados antigos, assim como os cristãos fizeram depois. Isso ajudou a preservar essas práticas, ainda que um pouco modificadas, para caber em uma estrutura romana ou cristã. Em muitos casos, quando o Cristianismo começou a criar raízes na Grã-Bretanha, a nova fé se mesclou com as tradições pagãs celtas, preservando novamente os vestígios do culto à água que existiu lá desde tempos imemoriais, apenas modificando os nomes de muitos rios, fontes e poços sagrados locais para nomes de santos. Isso aconteceu de novo nos diversos casos de mulheres fadas que mais tarde passaram a ser conhecidas como bruxas. É importante notar, no entanto, que as várias histórias dessas mulheres, muitas das quais eram fadas das águas, sempre as retratavam como seres santos e bondosos. Na verdade, em algumas histórias, elas são até comparadas a Deus e à Virgem Maria. Isso nem sempre foi o caso, no entanto, com muitas das sereias e dos tritões das águas.

Quando os cristãos chegaram e descobriram que quase todo corpo de água na Grã-Bretanha e em outras partes da Europa recebia o nome de um espírito aquático feminino, eles simplesmente renomearam os locais. Por isso há tantos poços com o nome de Santa Maria ou Santa Ana, ou tantas outras santas cujos nomes foram adotados para promover a nova religião, mas ainda homenageando o *genius loci*, o espírito protetor do lugar. Um bom exemplo disso é visto em Sequana, deusa do Sena, cujo santuário ficava na nascente do rio que corre por Paris. A fonte local que alimenta o rio depois recebeu o nome de um santo, São Sequanus. Mas, apesar dessas tentativas de apagar da história o culto celta à água, muito dele está presente em contos, histórias e folclore, transmitido de uma geração a outra, em alguns casos pela linhagem de fadas, que muitas figuras posteriores afirmam ser suas antepassadas.

Magia nas Moléculas

O empreendedor, fotógrafo e autor japonês Dr. Masaru Emoto (1943-2014) escreveu vários livros a respeito da estrutura das moléculas de água e como elas são alteradas e afetadas pelo local, pela mente humana e pelas energias negativa e positiva. Para demonstrar que as vibrações e os vários tipos de energia poderiam afetá-la, ele submeteu a água a diversos tipos de música e registrou como a estrutura das moléculas da água mudou quando exposta à música clássica e depois ao rock. Ele também comparou a estrutura cristalina da água de muitos locais diferentes, contrapondo e contrastando a água de locais, como poços e pontos sagrados, com água de lugares que foram poluídos por pesticidas e outras substâncias e considerados insalubres.

Usando um microscópio muito poderoso em uma sala bem fria, com fotografia de alta velocidade, Emoto fotografou amostras de cristais recém-formados de água congelada de diferentes locais e sujeitas a diferentes ondas de som, música e palavras. Ele descobriu que os cristais de água retirados de uma área eram bem diferentes dos cristais retirados de outra. Também descobriu que a música clássica produziu cristais com padrões circulares misturados. A água retirada de áreas poluídas não cristalizava de jeito nenhum ou cristalizava de maneira distorcida e disforme.

Em seguida, começou a fazer experiências com linguagem, usando palavras como "amor", "ódio", "obrigado" e "seu besta" e fotografando os resultados. Ele encontrou diferenças significativas nos cristais de água produzidos. Isso o levou a formular a hipótese de que as moléculas de água são afetadas por nossos pensamentos, palavras e sentimentos. Ainda estudou os efeitos da oração, do ritual e das bênçãos, e descobriu que eles também alteravam o caráter da água. Embora sua teoria seja controversa e tenha sido atacada por muitos céticos, Emoto documentou seu trabalho com centenas de fotografias e escreveu vários livros a respeito do assunto, incluindo *The Hidden Messages in Water*, um dos mais vendidos na lista do jornal *The New York Times*.

Na minha opinião, o trabalho de Emoto é pioneiro e valida nosso ofício. Quando combinamos sua evidência visual de que vibrações, palavras, pensamentos e locais podem alterar a estrutura molecular da água com a reverência que as culturas antigas tinham pela água, por divindades aquáticas e poços sagrados, temos evidências baseadas na história e na ciência de que a magia aquática e o encantamento funcionam. Além disso, essa prova vem de alguém que não é um praticante de magia. Emoto simplesmente descobriu, por métodos científicos, o que nossos ancestrais já sabiam?

Nós soubemos com o trabalho de Emoto que até a menor palavra pode criar uma mudança na estrutura molecular da água. E sabemos que o modo com o qual essa palavra é falada influencia o resultado dessa mudança. Mais tarde, no livro, mergulharemos em métodos modernos de magia aquática retirados diretamente das ideias de Emoto, como criar elixires de cristais e essências florais com uma infusão de água, com a energia e as vibrações de flores, plantas ou pedras para aumentar suas propriedades mágicas. É importante notar que, quando colocamos esses conceitos a respeito da sensibilidade da água para pensamentos e sentimentos, com a definição de Aleister Crowley de que a magia causa mudanças conforme a vontade, *podemos ver de fato as mudanças energéticas e vibracionais que chamamos de "magia" na alteração dos cristais de água*. É muito importante compreender isso. Na verdade, todo o livro se baseia nessa teoria.

Capítulo 1

A Magia da Água

Dois dos mais famosos magos no mundo – Aleister Crowley e Dion Fortune – descreveram a magia como usar a vontade para efetuar uma mudança. Na magia aquática, exercemos nossa vontade e intenção de realizar, por meio de nossos corpos físicos e energéticos, rituais e feitiços que podem mudar as propriedades da água. Por isso a magia aquática pode ser tão poderosa. Ademais, se aceitarmos que palavras e intenção influenciam a estrutura das moléculas da água, definirmos magia como a mudança de acordo com a vontade, e considerarmos vontade e intenção como praticamente sinônimos, poderemos determinar uma fórmula clara e simples para a magia aquática.

Intenção + água + método de elocução = mudança mágica

De certa forma, dá até para ver a magia acontecer!

Quando vemos a magia aquática como uma prática, trabalhando com quantidades pequenas (chuva, lagoas ou poços) ou grandes (rios, lagos ou oceanos), essa fórmula deixa bem claro que cânticos, feitiços, circum-ambulação, encantamentos, símbolos e muitas outras ferramentas mágicas podem ser incorporados nela com resultados incrivelmente poderosos. Isso fica evidente pelas crenças antigas dos celtas e dos romanos, até pela ciência moderna do Dr. Emoto. Com alguma prática, podemos formar a combinação perfeita para influenciar e direcionar a mudança específica.

Quase todo mar ou água que encontrei é um tanto como uma pega-rabuda que coleta conchas, madeira, vidro e outros itens da água para criar santuários ou altares. Acho que as bruxas da água são atraídas por garrafas, tigelas e outros recipientes. Somos vistas muitas vezes vagando pela praia ou buscando nas margens dos rios e lagos. As bruxas da águas são boas em ler sobre o futuro na água e fazer adivinhação com conchas ou ossos encontrados na beira do mar. Muitas adoram nadar, velejar ou surfar e, muitas vezes, somos vistas cobertas de pétalas de flores e sais de banho flutuando na banheira.

Os mapas astrais das bruxas com uma forte predileção pela bruxaria aquática costumam indicar isso – não apenas seus signos solares, mas também seus ascendentes e luas podem estar em signos da água, como Câncer, Escorpião e Peixes. Muitas se sentem atraídas por algum tipo de criatura ou espírito aquático mitológico, tais como sereias, selkies e Damas do Lago.

Do lado de fora, elas trabalham com a água do mar, águas salobras, lagos, rios, brejos, neve, granizo, chuva, lagoas, canais, córregos sazonais, poços sagrados e outros lugares onde houver água. Para o lado interno, elas trabalham com chás, banhos sagrados, águas curativas, hidrossóis, águas destiladas e *sprays* diluídos em água. Os próximos capítulos abordam essas técnicas com mais detalhes e dão exemplos e exercícios para praticar. Não existe mesmo limite para a magia aquática!

Água com Qualquer outro Nome

A água existe em três estados: líquido, sólido e gasoso. A magia aquática funciona com todos os três e todos eles, para nossos fins, são considerados água. Na minha prática, uso o trícele celta ou espiral tripla. Cada uma das espirais representa um dos três estados da água (veja Figura 1). Neste livro, trabalharemos principalmente com a água em seu estado líquido, mas aqui estão algumas formas divertidas de trabalhar com água em seus outros dois estados:

Figura 1. O trícele celta ou espiral tripla.

- Congele a água para deter um inimigo ou congelar algo no lugar pelo ato do aprisionamento. Aprisionar é o ato mágico de deter ou conter energia ou intenção. A água congelada na forma de gelo ou neve é usada, muitas vezes, em ritos de aprisionamento para evitar uma ação ou impedir que alguém tenha uma ação que você queira deter.

- Descongele a água para a energia parada fluir novamente, derreter um coração gélido ou em feitiços envolvendo reinícios. Com magia empática, o ato de derretimento traz a energia perfeita para o feitiço que liberta, faz as coisas andarem para a frente ou inicia algo. Tem uma energia semelhante àquela da carta do Carro no tarô. Coloque uma identificação – um item que represente uma pessoa como uma foto, cabelo, pedaços das unhas, algo indicando sua data de nascimento ou até itens do vestuário – para a pessoa ou ação a ser atingida em uma tigela com neve ou gelo e deixe derreter enquanto entoa ou exorta o item. Uma vez dissolvidos, você pode jogar a neve ou o gelo derretidos em água corrente para acelerar o feitiço.

- Rabisque sinais de proteção ou outros símbolos mágicos e breve fórmulas mágicas em janelas cobertas de geada ou neve. Faça bonecos de neve para usar em cura e maldições; use neve fresca para fazer uma água invernal maravilhosa para purificação.

- Desenhe símbolos de beleza ou selos de purificação no espelho do banheiro usando o vapor de um chuveiro. Use a névoa e a neblina em visualizações ou no mundo físico para acessar o Outro Mundo ou para desanuviar a mente.

A energia da chuva e das tempestades é particularmente poderosa. As bruxas, principalmente as marinhas, há muito tempo são associadas à energia da tempestade e ao controle do tempo. Não há nada melhor do que sentar na margem de um grande corpo de água para observar a chegada de uma terrível e poderosa tempestade. Muitas bruxas aquáticas gostam desse tipo de condição climática e tiramos energia dela, enviando feitiços e deixando as águas e os ventos estrondosos tecer a magia. Coleto água em qualquer lugar aonde eu for, incluindo água de tempestades. Coloco em recipientes com um rótulo e a data, incluindo informação sobre o tipo de tempestade, o local e como pretendo usar a água. As chuvas de verão com sol possuem uma bela energia calorosa, e a água da chuva de verão pode estimular crescimento, saúde e criatividade. Por sua vez, granizo e tempestades com raios têm muita força e caem como uma luva em trabalhos mágicos que precisam de um empurrãozinho a mais. A água da tempestade também pode ser usada para amaldiçoar e serve para proteção.

Todos os tipos de água eram usados para prever o futuro, lançar feitiços, quebrar encantos e curar. Encontrar uma mulher com um jarro cheio de água traz boa sorte na opinião de alguns, enquanto encontrar outra com o jarro vazio é um presságio da chegada de problemas. Em algumas áreas, pegar uma peça de roupa de uma bruxa que lançou um feitiço contra você, amarrá-la a uma rocha e jogá-la em um lago antes de a lua nascer o protegeria da magia da bruxa. Em outras regiões, apenas lançar um objeto amaldiçoado em um lago à meia-noite era o suficiente para quebrar o encanto. Em Orkney, despejava-se a água usada para lavar um doente sob uma porta ou portão para transferir a doença para a primeira pessoa que passasse por lá. Aqui estão alguns outros tipos de água com propriedades mágicas, com alguns de seus usos:

- *Água preta*: Uma invenção moderna vendida em muitas lojas. É uma infusão com sais minerais "fúlvicos" que deixam a água preta e bem alcalina. Pode ser usada durante a metade escura dos sabás do ano e para meditações, trabalhos e magias das sombras, ou qualquer coisa que seja noturna. Alguns poços produzem água que seja preta ou que escureça itens tocados por ela, mas é seguro ingerir apenas a água preta comprada em lojas. O Poço de St. Joseph, localizado na cripta da Capela de Nossa Senhora da Abadia de Glastonbury, é famoso por ter água preta. Alguns outros são mencionados nos próximos capítulos.

- *Água salobra*: Ocorre onde rios de água doce se encontram com a água salgada. A mistura de água doce e salgada pode ser substituída por água doce ou salgada, e carrega sua própria energia calmante, porém mais sombria. As costas litorâneas são lugares liminares cheios de cura e morte, equilíbrio e perdição, com milefólios crescendo em meio à cicuta venenosa. Use essa água na magia para se misturar com ou entrar em um "meio-termo".

- *Orvalho*: Coletado no amanhecer do dia 1º de maio (Beltane), traz potência para rituais e feitiços de beleza.

- *Bruma e nevoeiro*: Úteis principalmente para acessar o Outro Mundo. A bruma pode ser usada como um portal, principalmente durante as horas liminares da alvorada e do crepúsculo. Meditar, caminhar ou sentar-se em um leve estado de transe enquanto baixa uma bruma ou nevoeiro cria uma atmosfera que acalma a mente e o ajuda a se conectar com ou até entrar no Outro Mundo.

- *Granizo ou chuva com neve*: Coletados durante ou depois de uma tempestade, vêm do céu em um estado congelado furioso. Mantenha-os congelados ou derreta e guarde em uma garrafa. Costumam ser usados para amaldiçoar e podem fazer uma grande base para a Água de Guerra, uma fórmula agressiva com água e ferrugem usada para proteções física e psíquica, purificação espiritual e aplicar ou reverter uma maldição.

- *Águas de pântano, charco, brejo e canal*: Águas sujas escuras imbuídas com matérias vegetais putrefatas que ficaram estagnadas. Podem ser usadas para magia mais sombria, trabalho ancestral e para esconder, encobrir ou mascarar. A água de pântano é cheia de mistério e veneno. Sapos, cobras e aranhas ficam à espreita nos entalhes das árvores e misturam-se com os juncos, espiando por cima da superfície dessas águas. As águas de pântanos são encontradas em todo o mundo e podem ser usadas para qualquer tipo de magia.

- *Lama*: Água e terra misturadas. É misteriosa e suja. Pode ser usada como um elemento de terra e para enterrar velhos ciclos desgastados ou para enraizamento.

- *Água do mar*: Tem usos ilimitados. Pode ser ulizada para trabalhar com espíritos e divindades aquáticas; com uma oração ou bênção, pode ser usada como água-benta, por já ser salgada. Tem muitas propriedades curativas úteis e pode ser usada para cura, proteção, encantamentos e purificação. Também serve para rituais de banimento.

- *Chafarizes e piscinas*: Água bombeada em casas, aquecedores e fontes às vezes tem cloro. Quando comecei a encontrar espíritos aquáticos, recorri aos meios antigos e tradicionais. Com a expansão da minha prática, no entanto, descobri que essas águas também tinham tanto personalidade como espírito e poderiam ser usadas em meu trabalho pessoal. Se você mora perto ou ao redor desses tipos de águas artificiais, ainda pode desenvolver um relacionamento com elas e usá-las para fins específicos e pessoais.

- *Água de lagos e lagoas:* Costumam ser calmas e serenas, muitas vezes parecidas com um espelho. Use água de lago para descobrir mistérios. Lagos são considerados portais, e muitas criaturas vivem dentro e embaixo deles. Essas águas são boas para feitiços de relaxamento ou revigoramento. Se estiver discutindo com alguém, use água de lago para "acalmar" a situação. Por causa de sua superfície parada, a água de lagos e lagoas também ajuda na leitura, isto é, na adivinhação ou previsão do futuro pela observação. Lagos são como espelhos e, assim, ajudam na autorreflexão. Também podem ser usados em trabalhos de espelho em água e jornadas de visão como um portal para as dimensões aquosas.

- *Água da chuva*: Meio ideal para magia aquática. Trabalho com três grandes tipos de chuva: água da chuva com sol, a "chuva monótona" e a água de tempestades com trovões. A água da chuva com sol pode ser usada para cura, nutrição e magia solar. É uma ótima base para a Água da Flórida – uma água perfumada feita com várias ervas e flores. O que chamo de "chuva monótona" ocorre quando um chuvisco persiste por dias a fio, tipicamente acompanhado por céus nublados e temperaturas baixas. Coletada durante vários dias, essa água é ótima para trabalhos com sombras, descanso, rejuvenescimento, invisibilidade e proteção. A água da tempestade com trovões é poderosa. Pode ser usada na magia agressiva, maldições e em qualquer feitiço que precise de uma força realmente maior! É particularmente eficaz se você conseguir coletar com segurança e trabalhar com água de uma grande tempestade, como aquelas com furacões, mas lembre-se sempre de priorizar sua segurança.

- *Água de rio*: Água corrente que pode ser usada com ou em vez da carta do Carro no tarô para acelerar as coisas. Se precisar que algo ande rápido, encontre um rio e trabalhe com sua água. Serve também para purificar agressivamente seu corpo energético de impurezas e negatividades. Sente-se na margem de um rio com o fluxo direcional dele batendo em suas costas para intensificar uma visualização purgadora ou purificadora. (Eu costumo usar a frase: "Rio, leve embora!") Coloque barquinhos com ramos e folhas para descer o rio com a intenção de se livrar de algo ou alguém. Rios, canais e córregos podem ser usados para feitiços envolvendo avanços, mudanças, desprendimento e mandar coisas embora. Os celtas acreditavam que espíritos malignos não conseguiam atravessar a água corrente, por isso os rios também serviam para escapar de um inimigo astral. Lembre-se, no entanto, de que corpos de água que correm livremente terão uma energia distinta daquela dos sistemas de canais estagnados.

- *Neve ou gelo*: Podem ser mantidos congelados ou colocados para derreter em um pote ou garrafa. São ótimos para magia aquática no inverno. Assim como toda magia com gelo, podem "congelar" seus inimigos. Da mesma forma, o ato de descongelar o ajudará a se "desprender" e dirigir-se a um lugar mais flexível. Também podem ser usados para descongelar o coração gelado de um inimigo. Desenhe símbolos na neve para uma prisão temporária ou para ajudar a libertar.

- *Água de fontes e poços:* Águas doces que literalmente "jorram" do subsolo. Essas águas em geral são transparentes como cristal e muitas vezes associadas ao mistério, à mitologia e ao folclore. Podem ser usadas em magia curativa e para se conectar com a fada aquática. Também eram utilizadas para remover maldições e encantamentos e para aplicar pragas – muitas vezes mediante pagamento.

- *Cachoeiras*: Algumas das águas mais belas. Algumas correm o ano todo, outras são sazonais. Essa água serve para limpeza e purificação, e em rituais de nascimento e beleza.

Essa lista mostra como a água, como um elemento, pode ser trabalhada em todos os seus vários estágios e estados físicos. Mas também pode ser trabalhada como uma *entidade* – como um espírito ou um ser sobrenatural. Um exemplo disso pode ser visto na antiga lenda irlandesa da Mulher Chifruda, cujo primeiro registro é do final do século XIX, embora sua origem possa ser muito mais antiga. É a história de uma mulher enganada para deixar entrar 12 bruxas chifrudas em sua casa. A primeira a aparecer tem um chifre, a segunda tem dois e o padrão continua até a décima segunda que, claro, tem 12. As bruxas começam a colocar encantos na mulher, em sua casa e em sua família.

Quando a mulher entra em desespero por sua falta de poder sobre os feitiços em sua própria casa, ela vai até o poço, que fala com ela, revelando utilmente seu conhecimento de magia e quebra de maldições. Quando as bruxas chifrudas mandam a mulher coletar a água de um poço usando uma peneira, o poço lhe diz como tampar a peneira e, então, a ensina a anular os feitiços das bruxas. A história é importante, pois retrata o poço como uma entidade e deixa claro que a água (ou o espírito dentro dela) fala diretamente com a mulher.

Muitas bruxas da água modernas me contam que conversam com a água ou que a água falou com elas.

Altares e Santuários Aquáticos

Não importa qual seja o caminho escolhido, muitas bruxas exercem sua magia em um espaço de trabalho sagrado, como um altar ou um santuário. Um altar é uma superfície sagrada onde se cria e trabalha a magia, além de ser um lugar para conversar com o espírito a quem ele é dedicado. Altares também podem servir de cenário para adivinhação. Santuários são estruturas erigidas em homenagem a um espírito divino, que servem como um foco de devoção, oração, energia e meditação. São presentes aos espíritos que homenageiam. Podem ser simples ou adornados com oferendas e objetos significantes. Santuários costumam ser permanentes, já os altares podem ser construídos e desmontados quando necessário.

Criar um altar ou um santuário aquático é um ato mágico por si só, um ato de devoção que estabelece um espaço sagrado no qual você pode homenagear ou trabalhar com a água e seus espíritos. Na criação de santuários e altares entra uma grande quantidade de magia, energia e intenção. Na verdade, o ato assemelha-se a uma forma de meditação em movimento e sempre fico bem centrada depois de criar um. Mantenha sempre seus altares e santuários limpos. Renove as oferendas que eles têm e rearranje-as para que sua energia não fique estagnada. Não há regras para criar santuários e altares, mas aqui há uma visão geral de como prepará-los e usá-los.

Exercício: Como criar um altar aquático

Comece escolhendo um espaço seguro e que não seja tocado por mãozinhas ou convidados curiosos. Se for possível, arrume seu altar de frente para o oeste, pois se acredita que essa direção esteja alinhada com o elemento água. Se não for possível, oriente seu altar na direção do corpo de água mais próximo ou daquele com o qual você trabalha com regularidade, para que esteja sempre alinhado com ele.

Depois de preparar sua mesa ou outra superfície, purifique e consagre o espaço no espírito da água e dedique-o a qualquer divindade ou espírito aquático com quem costuma ou pretende trabalhar. Se não houver um espírito específico que você queira homenagear, ou se sua prática tende a ser agnóstica ou ateísta, dedique o altar a um corpo de água particular ou talvez apenas à água em geral. Se você não estiver trabalhando com um espírito específico no momento, mas gostaria de se conectar com um, crie o altar como orientado, mas deixe a dedicatória aberta até descobrir ou estabelecer a identidade de seu espírito.

Em seguida, purifique o espaço do altar, física e espiritualmente. É claro que você pode usar o método que quiser. Mas, para começar, incluí a seguir algumas formas bem básicas de criar água-benta. Escolha uma e trabalhe com ela neste exercício.

Junte sua água-benta e consagre seu espaço sagrado aspergindo o altar com ela, dizendo:

Com meu sopro,
Com meu coração,
E com minha vontade,
Consagro este lugar.

Depois de purificar e consagrar seu altar, já pode começar a arrumá-lo. Você encontrará uma lista de itens que pode adicionar ao seu espaço mais adiante neste capítulo. Assim que todos os itens tiverem sido purificados, dedique o altar à água ou a um espírito ou divindade aquática.

Água-Benta e Sagrada

Usar água-benta para abençoar ou purificar objetos, a si mesmo ou os outros é uma grande alternativa à defumação. Embora eu adore defumar, a defumação usa fogo e fumaça para limpar e purificar, e isso nem sempre é seguro ou conveniente. Por sermos bruxas da água, podemos usar a água da mesma forma, sem essas desvantagens.

Há vários locais para coletar água sagrada, como poços santos ou fontes e rios sagrados. Em geral, essa água já é mágica, mas você pode adicionar uma carga de magia a ela com sua intenção ou encantamento. No entanto, note, por favor, que nem toda água de fontes sagradas é potável. Pesquise bem e descubra se a água pode ser ingerida.

Há também muitas formas de criar sua própria água sagrada. Aqui estão apenas algumas delas:

- *Água encantada:* Pegue nove pedras de quartzo branco de um rio, perturbando a água o menos possível. Então pegue a água do rio, coletando-a na mesma direção do fluxo. Aqueça as pedras de quartzo até elas ficarem vermelhas e jogue-as na água. Você pode engarrafar essa água e usá-la em feitiços curativos ou na magia. Para alinhar com o antigo método popular, recomendo que ela seja usada nove vezes ou por nove dias seguidos.

- *Água da lua:* Aqui digo como fazer a água da Lua Cheia, mas você também pode fazer a da Lua Nova, da Lua Minguante e da Crescente da mesma forma, dependendo do ciclo lunar. Durante a Lua Cheia, purifique seu recipiente sagrado e coloque a água selecionada nele. Se você tiver água de uma fonte sagrada ou de uma fonte potável local, use-a; se não tiver, trabalhe com água mineral. Coloque o recipiente cheio de água sob a Lua Cheia. A luz da lua deve brilhar sobre ela durante uma boa parte da noite. Você também pode deixar a água ao ar livre por três noites e adicionar o quartzo para intensificá-la. Pode cobrir o recipiente com uma tampa ou um plástico para que a água não seja contaminada pela água da chuva e pedaços da natureza ou decidir que essas são adições adequadas e trabalhar com elas também. Quando achar que sua água foi bem energizada, leve a tigela de volta ao seu altar ou espaço sagrado e sussurre orações ou bênçãos sobre ela. Peça para seus espíritos, divindades ou guias abençoarem a água, coloque-a em uma garrafa e guarde-a para o futuro.

- *Água com pedra de bruxa:* As pedras de bruxa, pedras furadas ou esburacadas são pedras com um furo natural formado pela água corrente. Elas lembravam a abertura vaginal e o canal do nascimento e eram utilizadas na magia empática durante o parto. São usadas dessa forma desde pelo menos o século XVI e, muito provavelmente, bem antes disso. Às vezes essas pedras são chamadas de pedras para cólicas, possivelmente por causa de seu uso para aliviar cólicas menstruais e as contrações do parto. Deixe-a em infusão na água por várias horas e depois use-a para lavar a parte do corpo atingida. A água feita com a pedra de bruxa pode ser utilizada como uma água de encantamento, na cura, e como água-benta.

- *Água floral:* A água sagrada pode ser criada com várias flores e plantas combinando-as com vários tipos de água (veja no capítulo 9). Crie uma mistura de flores ou ervas e deixe-as em infusão na água. Depois use essa infusão na sua magia.

- *Elixires de cristais:* Combine cristais e água para criar elixires mágicos sagrados. Há duas formas diferentes de fazer esses elixires – os métodos direto e indireto (veja no capítulo 9). Lembre-se de que nem todos os elixires podem ser ingeridos e alguns cristais não podem ser colocados na água, pois podem ficar danificados.

- *Água salgada*: Use sal para transformar água comum em benta colocando-a em um recipiente sagrado e acrescentando três pitadas de sal. Coloque sua varinha, punhal ou outro instrumento para direcionar energia na água com a ponta virada para o recipiente. Mexa a água três vezes e diga:

Três pitadas de sal
Por três vezes mexidas
Com elas expulso o mal de nossas vidas.

- Você pode usar qualquer uma das muitas variedades e formas de sal para criar água-benta. O sal também é usado nos altares para representar o elemento terra. O sal rosa do Himalaia é muito utilizado na cura. O sal do Mar Morto é famoso por suas propriedades curativas, o sal negro é usado para proteção, exorcismo e trabalho com sombras, e o sal marinho pode ajudá-lo a se alinhar com suas energias oceânicas. A Wicca cerimonial tradicional se utiliza de símbolos e círculos para formar uma barreira de proteção. Alguns afirmam que o sal repele os espíritos e, portanto, não costumam usá-lo nos rituais, exceto quando querem de fato banir os espíritos. Na Escócia, é muito usado para proteção da feitiçaria, ao passo que na Irlanda é utilizado para curar doenças feéricas. No Japão, as pessoas carregam saquinhos de sal para proteção. Acrescente uma oração ou bênção enquanto cria sua água salgada!

- *Água prateada:* A água prateada é criada jogando uma moeda ou outro objeto de prata na água que tenha sido coletada em um lugar liminar. Coloque o objeto de prata em um recipiente sagrado e despeje a água de sua preferência sobre ele, enchendo-o. Abençoe a água com uma oração ou encantamento – o costume popular recomenda que as palavras sejam repetidas nove vezes. Você pode evocar o espírito de um poço sagrado ou uma antiga donzela da água usando palavras como estas:

Donzela do poço sagrado,
Abençoa esta água,
Abençoa o poço.
Em tua vaga espiral sagrada,
Abençoa esta água,
Abençoa o poço.

- Identifique sua água com um rótulo e guarde-a em um pote de conserva com uma tampa hermética. Na Escócia, a água prateada era frequentemente usada por doutores feéricos para curar mau-olhado. Há também muitos relatos de seu uso para cura e em várias outras formas de magia.

Ferramentas para Bruxas da Água

Uma bruxa da água usa muitas ferramentas. Elas variam de pessoa para pessoa e de prática para prática. O que apresento a seguir não é uma lista completa. Percorrendo este livro e seu caminho, você descobrirá novas ferramentas – convencionais ou não. O oceano é um lugar maravilhoso para encontrar ferramentas como conchas, ossos, vidro do mar e outros objetos estranhos que tenham sido levados pela maré.

O recipiente sagrado talvez seja a ferramenta mais importante. Tenho vários diferentes que uso para diversos propósitos – como o cálice, que costuma ficar no meu altar, bem como um caldeirão. Mas meu recipiente mais sagrado é uma bela vasilha azul que foi consagrada com as águas do Poço do Cálice de Glastonbury. Essa estimada vasilha repercute a energia e o folclore de Glastonbury.

Anos atrás, quando eu quis começar a trabalhar com um recipiente sagrado, tive uma visão de uma tigela sagrada azul em uma meditação, então fui procurar uma. Mais ou menos nesse mesmo tempo, ouvi falar da Vasilha Azul de Glastonbury e da história que cerca sua ligação misteriosa com o Santo Graal. Uso minha tigela sagrada para fazer águas florais, elixires de cristais e águas lunares. Cálices também podem ser utilizados dessa forma, assim como tigelas de vidro ou cristal. As tigelas pretas servem para leitura do futuro.

No entanto, as bruxas aquáticas usam muitas ferramentas em sua magia, além dos recipientes sagrados e da água-benta. Conchas, ossos e madeira flutuante levados pelas ondas, pedras de serpente encontradas ao longo da margem de um rio, até um espelho mágico que possa funcionar como a superfície reflexiva clara de um corpo de água sereno podem ser colocados em um altar aquático ou em um espaço sagrado. Esses e outros objetos podem ser misturados à água para elaborar elixires e poções de cura.

Outras ferramentas úteis incluem um almofariz e um pilão, varinhas e lâminas ritualísticas. Alguns usam instrumentos musicais ritualísticos, como rombos para traçar um círculo (mas alguns não traçam círculos!). De fato, é quase impossível descrever todas as diversas ferramentas usadas pelas bruxas da água. A seguir, apresento uma lista com apenas as mais básicas. Você pode comprar a maioria desses itens ou fazê-los, coletar alguns deles da natureza, ou até adquirir alguns em um antiquário ou brechó. Lembre-se apenas de purificar completamente todos os itens de segunda mão para remover quaisquer energias residuais que possam interferir em sua magia.

- *Banheiras*: Muitas vezes, o círculo mágico de uma bruxa da água moderna é a banheira, que pode se tornar um local sagrado para a limpeza espiritual.

- *Ossos*: Ossos de todos os tipos são encontrados nos locais de "junção" de margens de rios e beiras de estreitos, lagos ou oceanos – levados pela água até a areia ou presos nas algas. Eles podem ser poderosos aliados espirituais e ser usados em uma variedade de magias e adivinhações.

- *Tigelas*: As tigelas podem conter qualquer coisa da água para leitura do futuro, oferendas e até água sagrada para trabalhos. Minhas vasilhas sagradas são as ferramentas que mais uso.

- *Caldeirões*: Utilizados no geral para representar a Deusa, mas também podem ser usados no lugar de um cálice. No entanto, cuidado: não use caldeirões de ferro para magia da fada aquática! Essa é uma ótima forma de irritar a fada e a natureza da água vai retaliar.

- *Cálices*: Podem ser usados para representar a Deusa ou a forma feminina, bem como para colocar o vinho para oferendas e libações. Conchas também podem servir de cálices.

- *Pentes*: Os pentes mágicos estão associados às sereias, mas também podem ser usados para pentear seu cabelo e entrelaçar desejos, feitiços e magia em tranças e *dreadlocks*.

- *Patas de caranguejo*: Essas são ferramentas ótimas para usar na magia de aprisionamento ou quando algo precisa de um beliscão. Também gosto de usá-las em rituais de solidão. Podem ser encontradas na areia da praia.

- *Potes, garrafas e frascos*: Podem ser utilizados para armazenar elixires de cristais. Eles também podem ser encantados e transformados em garrafas mágicas que guardam poções ou usados para coletar água de uma fonte sagrada.

- *Espelhos:* São associados a sereias e magia, além de funcionarem como portais e instrumentos de leitura.

- *Pérolas:* São incrivelmente poderosas, belíssimas e muito valiosas. São encontradas em muitas cores e formatos e podem ser usadas de formas semelhantes aos cristais em magia.

- *Plantas:* Praticamente todas as bruxas trabalham com ervas, flores e plantas. As flores crescendo na margem de um rio ou em uma duna de areia são particularmente eficazes. Raízes levadas pelas ondas do mar podem ser talismãs poderosíssimos. Amuletos também podem ser confeccionados com algas do mar – a bodelha, por exemplo, é uma planta muito poderosa usada por muitas bruxas, não apenas as marinhas.

- *Vidros do mar:* Esses pedaços de vidro fosco são muito encontrados na beira do mar. Com sorte, você pode encontrar vidro em rios também. Eles são mais usados para associações com cores – para lembrá-lo dos lugares onde os encontrou ou para recordar do que sua intuição lhe diz.

- *Bolas de vidro do mar:* Essas boias de pescador de vidro, que às vezes são bem antigas, costumam ser feitas de bolas de vidro soprado encontradas na beira do mar. Hoje, você pode encontrá-las à venda em lojas, mas sugiro levar bolas compradas em lojas até o mar e consagrá-las na água do oceano. Às vezes, elas também são chamadas de bolas das bruxas e são frequentemente penduradas em janelas e em volta da casa para aprisionar energias negativas. Também podem ser usadas como talismãs para proteger contra o mau-olhado, principalmente se forem azuis.

- *Dentes de tubarão:* São talismãs poderosíssimos que podem ser usados para proteção e para aquela magia que precisa de um pouco mais de agressividade. Acredita-se que fósseis de tubarão ou dentes de megalodonte irradiam um poder mais antigo.

- *Conchas:* Conchas de todos os tipos têm uma grande variedade de usos mágicos.

- *Pedras e fósseis*: Rochas de rio ou outras pedras podem ser usadas em magia como um elemento terra. Os cristais têm muitos usos e, na magia popular, as pedras de bruxa eram bastante estimadas. Você pode encontrá-las em leitos de rios e na beira do mar. Além disso, amonites, belemnites e outros fósseis associados à água ou encontrados na praia são bens estimados de bruxas aquáticas.

- *Varinhas de condão*: Madeira flutuante ou árvores das margens de rios e córregos são o material ideal para fazer uma varinha de condão. Elas podem ser lisas, levemente lixadas ou decoradas com runas ou símbolos. A varinha é uma ferramenta para o bruxo direcionar energia. Algumas bruxas do mar preferem usar um canivete para se associar tanto à energia do punhal quanto à náutica.

Exercício: Meditação do glifo da água

Agora que você tem uma noção geral da magia aquática e de algumas de suas ferramentas básicas e práticas, é hora de começar a harmonizar sua energia com a da água. Comece coletando água potável em um recipiente sagrado. Coloque esse recipiente em seu colo ou no seu espaço de trabalho. Enraize-se no aqui e agora (veja o capítulo 2) e sente-se de frente para seu recém-criado e consagrado altar. Visualize-o algumas vezes para se familiarizar com ele. Então, feche os olhos e complete a visualização.

Sente-se de frente para o altar e faça o glifo alquímico da água com as mãos. Você pode fazer isso juntando as pontas dos polegares. Depois, junte as pontas dos dedos indicadores e aponte para baixo. Feche os dedos mindinho, médio e anelar. Isso criará um triângulo virado para baixo que, por toda a Tradição de Mistério Ocidental, é usado como o símbolo alquímico para a água.

Depois de posicionar as mãos, feche seus olhos e comece a visualizar a água – seu corpo de água favorito, chuva ou um banho. Deixe sua mente vagar por um momento e deixe os espíritos guiá-lo por todos os diversos corpos de água – lagos, oceanos, rios ou córregos.

Quando sentir que tem uma forte imagem e sentir a água, segure essa visão na sua mente. Visualize a água atingindo-o e purificando. Imagine a água limpando seu centro cardíaco dos fardos pesados. Visualize a água lavando seu corpo, cobrindo-o todo.

Quando terminar, imagine a água formando um redemoinho na sua frente. Ela deve criar uma bola flutuante e brilhante de água e essa bola brilhante começará a formar um triângulo de ponta para baixo – assim como o glifo que você fez com os dedos. A ponta deve ficar para baixo. Veja esse glifo em azul-claro.

Retendo esse triângulo na mente, comece a se conectar com a energia aquática. Imagine o símbolo trícele – a espiral tripla (veja a figura 1) – começar a se formar no centro de seu triângulo, com cada espiral representando a água em uma de suas formas – líquida, gasosa ou sólida. O triângulo pulsa e o trícele gira na sua mente. Sinta a água, converse com ela e tente perceber o que ela comunica a você. Quando terminar, comece a focar de novo o triângulo. Pergunte se a água gostaria de lhe ensinar alguma coisa. Então, espere e ouça.

Quando tiver terminado, veja o glifo e o trícele se aproximarem da tigela de água na sua frente. O glifo aquoso começará a pulsar a superfície da água e o trícele girará. Deixe o glifo misturar-se com a água no recipiente. Seu tamanho diminui e então ele se dilui nela. Quando se sentir satisfeito, abra os olhos devagar, leve a tigela aos lábios e beberique a água que agora está energizada com o glifo alquímico. Enquanto faz isso, deixe seu espírito unir-se ao espírito da água.

Capítulo 2

BRUXAS DO RIO

Os rios, assim como o oceano, são inconstantes. Suas águas estão sempre correndo e fluindo – erodindo a terra embaixo deles, transformando suas margens e espalhando-se pela paisagem. Há muito tempo os rios são associados aos espíritos e ao Outro Mundo. De fato, a água corrente em geral era considerada sagrada pelos druidas, que pensavam que os espíritos malignos não poderiam atravessá-la por causa de sua santidade e propriedades de purificação. Essa crença pode vir da percepção de que, enquanto os vivos poderiam atravessar a água em pontes e vaus, os mortos não conseguiram, tinham de ser conduzidos. Isso, por sua vez, pode ter validado a crença de que espíritos malignos e fantasmas não poderiam atravessar a água corrente.

Igrejas eram construídas perto de rios e córregos, ou ao lado de poços sagrados – um regresso aos dias pagãos, quando a água era sagrada e associada aos espíritos e à vida. Nas lendas sobre os seres feéricos, é comum cruzar um corpo de água corrente, como um rio ou córrego, para escapar de uma criatura zangada, um espírito malévolo ou um fantasma travesso. Na mitologia grega, o rio Estige servia de entrada para o Submundo. Para cruzá-lo, pagava-se Caronte, o ferreiro, que levava a pessoa até o outro lado. Essa crença também estimulou as práticas romanas que, por sua vez, influenciaram as práticas celtas quando os romanos ocuparam a Bretanha. No folclore celta, Barinthus transporta aqueles que querem visitar Avalon, cruzando a água em seu barco para acessar o Outro Mundo.

O folclore contém muitas crenças e tradições relativas à água corrente. Em algumas áreas, as pessoas acreditavam que vaus e pontes, pelos quais tanto mortos como vivos podem passar, tivessem poderes mágicos ou liminares. Qualquer barganha feita passando pela água corrente era considerada indissolúvel. Os amantes que quisessem trazer uma energia solene aos seus votos de casamento ficavam em cada uma das margens de um riacho ou rio, mergulhavam seus dedos na água e seguravam as mãos sobre ele enquanto diziam seus votos. Procissões ritualísticas cruzavam um rio ou córrego antes de realizar um ritual para indicar que elas entraram em áreas sagradas. Sentar na margem de um rio e bater de leve com as solas dos pés na superfície da água ou dar voltas nele no sentido horário pode ajudar na meditação e abrir um caminho para o Outro Mundo. Neste capítulo, exploraremos esse folclore e então consideraremos como ele é usado pelas bruxas aquáticas.

Rios e Córregos

Costumes populares, bruxas e seres do outro mundo estiveram associados aos rios de muitas formas por toda a história. Durante a era do julgamento da bruxaria, acreditava-se que as bruxas pudessem flutuar e, portanto, em um julgamento ao lado da água, elas eram presas e lançadas em rios para ver se afundariam ou não. Certos rios têm propriedades mágicas e, por isso, a água deles era usada para cura e proteção. Uma velha cura popular para a febre, por exemplo, usava uma tigela nova, um pouco de sal e água de três riachos. Pacientes eram instruídos a beber de cada um e, depois de cada gole, jogar um punhado de sal no rio. No primeiro riacho, eles tomavam um gole de água, então diziam: "eis aqui minha cabeça". No segundo, eles tomavam um gole e falavam: "eis aqui minha barriga". No terceiro, eles tomavam outro gole e mandavam a febre para a água. É importante observar que, enquanto ia de um riacho a outro, os pacientes eram proibidos de olhar para trás ou falar qualquer coisa que não fosse a simpatia. A febre permanecia na água e não seguia o paciente até em casa.

Em geral, a direção na qual um rio ou riacho fluía determinava suas propriedades mágicas. Acreditava-se que a água que corresse na direção do sol tinha propriedades curativas e de benção. Um córrego formado pelo escoamento sazonal no mês de março era considerado sinal de sorte, e a água coletada lá era usada em simpatias e feitiços para sorte. Rios que correm para o norte eram considerados ótimos locais para lançar feitiços ou mandar mensagens para o Submundo. Na Escócia, a água de um riacho que corresse para o sul tinha propriedades curativas. Vaus também eram considerados lugares de cura e a água coletada lá teria propriedades curativas. As pessoas se banhavam no rio, bebiam a água ou, às vezes, mergulhavam uma camisa no rio e a vestiam em quem buscava a cura.

Rios também eram usados em adivinhação, metamorfose, cura e feitiços. Havia uma simpatia para prever um casamento. Na véspera do Dia de Todos os Santos, uma garota mergulhava uma camisa na água no encontro de três rios, depois a levava para casa e a pendurava de um dia para o outro na cornija da lareira. Se a simpatia funcionasse, a figura de seu futuro parceiro vinha e virava a camisa do outro lado para secar. Da mesma forma, os amieiros estavam associados aos rios e eram vistos como guardiães, protegendo a água e os espíritos aquáticos locais que viviam nas proximidades.

Os rios também eram usados em vários tipos de feitiçaria, incluindo rituais para purificação e maldição. Para amaldiçoar alguém que lhe fez mal, faça um boneco de argila e coloque-o em um rio ou córrego com a cabeça de frente para a corrente. Segundo o costume popular, a saúde da pessoa que você amaldiçoa se desintegra, assim como a argila na água. Para quebrar o feitiço, retire o boneco antes de ele se dissolver completamente. Outro feitiço escocês antigo foi usado para metamorfose e para buscar justiça. Para realizar o feitiço, uma pessoa se levantava de madrugada, ia a um lugar onde três rios se juntavam e se virava para o sol nascente. Quando o sol tocava a água, a pessoa bebia um punhado de água coletada daquele ponto, lavava seu rosto enquanto recitava um velho encantamento que fala da Santa Mãe Maria, um nome ou epíteto referente à Dama Branca ou outra fada (veja capítulo 3). O encantamento, que tem raízes pagãs, é encontrado no *Carmine Gadelica*, um livro de orações e encantamentos que preservou o verso celta, escondendo-o em plena vista no meio da liturgia cristã reescrita.

Espíritos dos Rios

A tradição celta é rica em histórias de espíritos, ninfas e deusas dos rios e espíritos locais que habitam rios, córregos e canais em todo o mundo. Esses corpos de água corrente fluem por todo o globo como uma rede intrincada, conectando partes distantes do planeta. Aqui estão as histórias de apenas alguns dos espíritos que os habitam:

- *Bean-Nighe*: Conhecida como a Lavadeira no Vau no folclore escocês. Esse espírito lava roupas manchadas de sangue daqueles que estão prestes a morrer. Vaus e passagens onde a água é rasa o bastante para passar eram conhecidos como lugares liminares e associados a encruzilhadas. Por isso, eram vistos como portais ou pontes para o Outro Mundo. Bean-Nighe era um presságio da morte, às vezes associado à Morrigan irlandesa. Dizem que qualquer ser humano corajoso o bastante para se aproximar dela e sugar seu seio poderia pedir que ela fosse sua mãe adotiva e que um desejo fosse concedido. Ela é descrita como uma mulher fantasmagórica associada à morte, ao parto e à previsão de infortúnio e morte em uma linhagem familiar ou no campo de batalha. Seus gritos poderiam ser ouvidos, levados pelo vento, por aqueles que estão prestes a morrer.
- *Boann*: A personificação do rio Boann, ou Boyne, na Irlanda. Era também amante de Dagda. Boann significa "vaca" ou "vaca divina", o que lhe dá uma conexão interessante com as vacas feéricas e os touros aquáticos. Sua história inclui Nechtan (veja capítulo 7), associado a um poço de sabedoria cercado por nove aveleiras sagradas. Os frutos dessas árvores que caem na água são considerados uma fonte de conhecimento. No entanto, apenas Nechtan e seus três carregadores de taças ou cálices poderiam tirar água com segurança desse poço. Boann entra na história quando se aproxima com curiosidade do poço e tira água. O poço começa a transbordar, perseguindo Boann até o mar, criando assim o rio epônimo. Em algumas variações da história, ela foi transformada em um salmão, um peixe associado à sabedoria encontrado nesse rio. Ela também é conectada com, ou até pode ser, Modron e Rhiannon, da mitologia galesa.
- *Danu*: Considerada uma deusa-mãe irlandesa e uma das mais antigas divindades celtas. Seu nome significa "rio", mas ela também era conhecida pelos nomes Danann, Anann e Anu. No País de Gales, é conhecida como Don. É associada ao Danúbio, que recebeu seu nome, e considerada, assim como Sabrina (veja a seguir), a personificação do rio. Ela também tem

uma curiosa conexão com Tuatha De'Dannan, que significa "povo de Danu", fazendo dela uma deusa do rio celta.

- *Sabrina*: Uma deusa, ninfa e figura histórica bretã. Sabrina, chamada de Hafren no País de Gales, é a deusa do rio Severn, o maior rio no Reino Unido. Várias lendas a cercam. Alguns acreditam que ela seja tanto uma ninfa como uma deusa do rio. No entanto, a literatura nos conta que ela era uma princesa bretã, filha do rei Locrin e de Gwendolen, uma princesa da Cornuália. Dizem que Locrin foi forçado a se casar com Gwendolen e, quando seu sogro morreu, ele a jogou no rio, com Hafren. Pode ser aí que ela se tornou a ninfa conhecida como Sabrina. Sabemos, por um relato no *Historia Regum Britanniae*, que Hafren era, de fato, uma princesa e filha do rei Locrin que se afogou no rio Severn. Milton menciona que grinaldas de amores-perfeitos, rosas e narcisos eram entregues como oferendas a Sabrina.

- *Filhas em forma de rio de Plynlimon*: As três filhas de Plynlimon, um espírito da montanha, associadas aos rios Severn, Wye e Ystwyth. Chamadas Vaga, Habren e Aberystwyth, elas nasceram da neblina e, quando cresceram, transformaram-se nesses três rios.

- *Belisama*: Espírito feminino associado a rios e lagos, considerada uma deusa aquática e solar. Era a consorte de Belenos e seu nome significa a "Radiante", dando-lhe um aspecto solar também associado a Belenos. Os romanos referem-se a ela como Minerva e, assim, ela se junta às outras deusas do fogo e do sol associadas a locais aquáticos sagrados, como Bridgd e Sulis, que os romanos também comparavam com Minerva.

O rio mais próximo de onde você mora pode não ter uma deusa popular associada a ele, mas isso não é motivo para ignorar seu poder. Cada rio tem um ou mais espíritos próprios. O próprio rio, tenha ele um fluxo rápido ou suave, pode ser lar de uma única entidade ou de um monte de ninfas aquáticas. Na verdade, alguns rios são considerados os titãs que ajudaram a moldar a terra. Cada corpo de água tem sua própria energia. Enquanto alguns podem exercer um poder sombrio e misterioso, outros têm claras propriedades curativas. Não importa de que tipo seu rio seja, conheça os espíritos locais que vivem nele. Isso não só a beneficiará como bruxa, como também honrará o rio e os espíritos que vivem nele.

Exercício: Como se alinhar com um espírito do rio

Para este exercício, encontre um rio, córrego ou canal próximo à sua casa. Deve ser um local que você possa visitar com frequência ou com uma certa regularidade, pelo menos. Se necessário, você pode usar um mapa ou um GPS para encontrar o melhor local. Verifique a qualidade da água do rio, descubra se é seguro nadar nele. Se não for, encontre um que seja seguro ou modifique esse ritual para atender às suas necessidades.

Veja quando for melhor visitar a área. Recomendo visitar em uma Lua Cheia e quando não houver muitas pessoas ao redor, para que você possa ter um momento silencioso com o rio sem ser perturbado. Leve uma coberta, um frasco ou garrafa com tampa para coletar água e um saco para colocar o lixo ou entulho. Catar o lixo funciona como uma oferenda ao rio e mostra aos espíritos de lá que você está interessada em ajudar a água. Demonstra que você se importa com os espíritos que vivem no local e não está lá apenas para se apropriar de algo e destruir, como fazem muitos humanos. Você pode também levar uma pedra ou cristal de cura lapidado, não tingido, extraído de forma ética para dar como oferenda.

Quando chegar ao rio, encontre um lugar silencioso, seguro, onde não seja perturbado, mas que ainda fique próximo à margem do rio. Estenda sua coberta e seus outros pertences. Veja se há algum lixo ou entulho na margem do rio que você possa catar e retirar para honrar a água. Isso também lhe dá uma oportunidade para caminhar e conhecer a área. Conecte-se com as plantas que crescem nas margens, sinta a água com seus dedos e observe os pássaros que voam ao redor. Quando tiver terminado de pegar o lixo, amarre o saco e jogue-o em uma lixeira ou leve consigo para casa.

Volte para sua coberta e encontre uma posição confortável. Pessoalmente, medito melhor deitada, mas é importante que sua posição não o distraia nem o impeça de entrar em um estado meditativo ou uma mentalidade ritualística. Posicione-se de modo que você tenha um caminho livre para a água. Tire os sapatos e as meias e descubra suas pernas até os joelhos, se possível.

Assim que encontrar uma posição confortável, respire em um ritmo constante até atingir um estado de consciência um pouco alterado. Você não quer ficar tão imerso na meditação a ponto de adormecer ou não conseguir manter seu corpo seguro ao redor da água. Além disso, você deve estar enraizado. Quando tiver atingido um leve estado meditativo, sente-se ou fique de pé de modo que comece a balançar suavemente para a frente e para trás. Observe o ritmo da água espalhando-se nas margens e sincronize seu balanço com esse ritmo.

Mantendo seus olhos na água, comece a se mover devagar na direção do rio. Levante as mãos e mantenha-as suavemente sobre a água, enquanto entra no rio, até os tornozelos. Pare e continue a balançar em sincronia com o rio.

Comece a sentir a energia com suas mãos e corpo. Evoque-a em seu coração e mente, com uma voz firme. Seja simples a princípio, expressando apenas seu contato e abrindo-se para o rio. Se quiser, ajoelhe-se na água ou caminhe mais para a frente. Quando sentir que tem uma boa ligação com a água, diga em voz alta as seguintes palavras:

> Este(a) filho(a) da água quer conhecer-te!
> Sei tentar, tento saber
> Onde e como a maré do rio sobe e desce.
> Como a lua toca suas águas escuras e
> Como o sol dança por suas corredeiras.
> Tento conhecer o espírito deste rio,
> E os espíritos que vivem aqui.

Pare e espere. Você pode voltar para sua coberta, se quiser, e apenas sentir e observar a água passar. Preste atenção ao seu redor e procure um sinal. Pode ser uma ave aquática mergulhando na sua frente, um peixe pulando para fora da água ou até um vislumbre de uma sereia do rio ou de um gênio das águas. Se não vir nada com seus olhos físicos, experimente fechá-los e olhar com a mente. Você também pode sentir que sabe ou ter certas sensações físicas que sinalizem a presença do espírito aquático.

Quando estiver satisfeito com a comunhão, pegue sua garrafa e quaisquer oferendas que tenha levado e aproxime-se de novo da água. Conte à água e aos espíritos que você está coletando um pouco de água em um frasco para colocá-lo em seu altar para energizar a água com intenções positivas. Prometa que a devolverá, talvez na próxima Lua Cheia, depois que a energize, e recite orações e encantamentos sobre ela. Dê a última de suas oferendas e volte para casa sem olhar para trás.

Volte dias depois e devolva a água que estava no frasco, como prometido. Isso o ajudará a se conectar com a água e os espíritos que moram lá e mostrar àqueles que vivem nessa área que você está comprometido em forjar um relacionamento com eles. Isso demonstra que os honrará e reverenciará a terra.

Se não puder sair de casa, tente usar o Google Earth para ter uma visão via satélite de um rio e o acompanhe do início ao fim em um leve estado meditativo, evocando o rio usando as palavras anteriores e visualizando-se lá. Esse ritual pode ser realizado com qualquer corpo de água que seja seguro para nadar.

Canais, Fantasmas e Águas Escuras

Canais são cursos de água artificiais semelhantes a rios e córregos, por personificarem movimento e passagem. Durante a Revolução Industrial, um sistema de canais foi criado na Inglaterra para transportar mercadorias e materiais. Esses cursos de água muitas vezes se cruzavam e corriam de um lugar a outro sob pontes, debaixo de túneis escuros, por aquedutos e para cima e para baixo através de eclusas mecânicas. Embora os canais sejam cursos de água relativamente novos, se comparados a rios e córregos antigos, eles ainda carregam um mistério, bem como muitos espíritos e fantasmas incansáveis. Além disso, os canais não se limitam àqueles construídos durante a Revolução Industrial. Muitos foram criados, antes e depois da Revolução, para ajudar a drenar e irrigar a terra.

Canais eram frequentemente o local de assassinatos repulsivos, desaparecimentos misteriosos e fantasmas nada amigáveis, talvez por serem lugares isolados. Quando trabalhar com os espíritos de um canal, comece pesquisando sua história e explorando velhas lendas e narrativas para ter uma ideia do que aconteceu lá no passado. Se tiver sido um local de assassinatos ou sequestros, ou tiver uma história de energia nociva, evite-o e encontre outro – pelo menos a princípio. Uma bruxa habilidosa pode se sentir atraída a trabalhar com necromancia ou a ajudar espíritos perdidos a atravessar o véu, mas é melhor que os principiantes tomem cuidado – a menos que, é claro, você queira tentar essa prática por um propósito específico. Só se proteja da melhor forma que puder.

Assim que tiver uma história sólida do canal, comece a sentir suas energias, tente identificar histórias ou visões que não foram registradas nos livros. Lembre-se de que os canais costumam estar associados a fantasmas e espíritos humanos ancestrais, embora haja relatos de espíritos de cães negros, Damas de Branco, bruxas, fantasmas e criaturas sobrenaturais que assombravam suas margens. Você encontrará várias histórias de feitos perigosos realizados nas margens de canais, bem como lendas de bruxas e espíritos ancestrais que assombravam esses cursos de água por um motivo ou outro. Sempre use uma proteção forte, pelo menos até estar familiarizado com o canal e perceber se sua energia é benéfica.

No entanto, nem toda energia do canal é nociva ou lida com espíritos imortais. Durante a Revolução Industrial, esses cursos de água tornaram-se lar de operários do canal com suas famílias, muitos dos quais viviam na água em barcos compridos chamados de casas flutuantes. Hoje, esses barcos são usados principalmente para as férias e feriados, embora haja muitas indicações de que a magia popular ainda seja praticada neles. Muitos barcos vistos lá hoje são adornados com o nó celta e motivos lunares e solares populares. Assim como no passado, alguns ainda levam uma vida nômade tranquila nas águas, talvez fornecendo encantamentos, feitiços e remédios fitoterápicos àqueles dispostos a barganhar com bruxas modernas.

Enraizamento e Blindagem

Depois de se conectar com a água e alinhar-se com seu espírito e energias, você deve aprender como se enraizar, blindar-se contra inimigos indesejáveis e proteger-se da agressão nos planos mundano e espiritual.

O enraizamento é um processo pelo qual você se alinha com as energias estabilizadoras da terra para manter uma energia equilibrada e completa. Mesmo que você seja um praticante intermediário, já familiarizado com a prática, é sempre uma boa ideia voltar ao básico. Você nunca é avançado demais para revisitar o material fundamental e encontrar mérito nele. Atletas profissionais não se recusam a caminhar por saberem correr. O mesmo vale para a magia. Você não esquece o básico, nem se recusa a revisitá-lo apenas por praticar magia mais avançada. De fato, essas são práticas fundamentais que lhe dão a habilidade de explorar magia avançada.

Como este livro trata de trilhar o caminho da água, ou melhor, nadar no rio, exploraremos a magia de enraizamento, blindagem e purificação por meio de uma lente aquática, para lhe apresentar uma base sólida sobre a qual pode erigir sua prática. O enraizamento o ajuda a permanecer presente, calmo e controlado enquanto navega em águas rasas e profundas. Na magia em geral – mas principalmente na aquática –, emoções, sentimentos e energias podem se aproximar de fininho e atirar-se sobre você como uma onda gigantesca. As técnicas comuns de enraizamento incluem abraçar uma árvore, enterrar os dedos dos pés na terra ou até visualizar raízes crescendo nos seus pés para dentro da terra, a fim de estabilizá-lo contra essas energias. Embora essas sejam todas técnicas maravilhosas, existem várias outras que você pode usar com o elemento aquático que podem beneficiá-lo e enraizá-lo enquanto trabalha com energias aquáticas.

Enraizamento

O povo aquático costuma ter empatia. Embora isso não seja uma regra estabelecida, parece ser a norma. Ter empatia pode ser dificílimo. Os empatas às vezes sentem a dor do mundo todo de uma vez e podem se sentir sobrecarregados com as energias daqueles ao seu redor. Conter as emoções pode ser difícil para eles porque, assim como a própria água, essas emoções adoram transbordar por todo o lugar, muitas vezes na forma de lágrimas, mágoa ou raiva. Notei que pessoas de natureza aquosa se conectam e enraízam-se praticando visualizações com água melhor do que com práticas baseadas na terra, como aquelas que envolvem raízes de árvore e a terra. Técnicas de enraizamento embasadas na água nos ajudam a controlar melhor nossas naturezas aquosas, permitindo-nos dominar nossas emoções, compreendê-las e seguir com elas, em vez de jogá-las na terra.

A seguir, dou algumas ideias de enraizamento para a magia aquática, bem como um exercício introdutório.

- Enterre os dedos dos pés na areia da praia.
- Caminhe pela beira do mar, saudando o oceano e a Mãe primordial.
- Coloque os pés na água e conecte-se com ela.
- Tome um banho com ervas para enraizamento ou relaxamento.
- Beba um elixir de cristal feito com uma pedra para enraizamento, como o jaspe.
- Trabalhe com conchas e fósseis oceânicos para enraizar e conectar-se com o elemento terra por meio da água.
- Deite-se em uma banheira ou piscina e solte o peso do seu corpo até afundar. (Segure o fôlego e não fique no fundo por muito tempo. Lembre-se, a respiração é essencial à vida!)

O enraizamento é uma prática essencial para qualquer praticante de magia, não importa seu caminho. É a base na qual se fundamenta o restante do seu trabalho. Mantém sua energia equilibrada e em um bom lugar para criar magia, ajuda-o a evocar espíritos e realizar o ritual. Pode ser feito todos os dias ou apenas quando necessário, dependendo de quem você é e de como pratica – e, é claro, de suas necessidades.

Exercício: Banho para enraizamento com descarga

Se você precisa de algo mais forte do que um banho em um elixir de cristais, que pode ser usado todos os dias para manutenção, experimente tomar um banho sagrado para enraizamento e usar o que chamo de "descarga" para se livrar do excesso ou das energias negativas. Neste exercício, você usará uma banheira, ervas e uma visualização especial para levá-lo a um lugar equilibrado.

Ervas que sejam raízes, ou de árvores lenhosas, são particularmente adequadas para o trabalho de enraizamento. Minhas favoritas são dente-de-leão, sálvia e valeriana. Na verdade, um banho com as três juntas fica delicioso! Outras ervas boas para um banho para enraizamento incluem hortelã, pétalas de rosas vermelhas ou erva-dos-gatos. Lembre-se de que algumas pessoas têm reações adversas a certas ervas ou são alérgicas a elas. Em um banho sagrado, não use ervas que possam irritar sua pele, às quais seja alérgico ou aquelas consideradas venenosas. Se não tiver certeza, sempre é uma boa ideia consultar-se com seu médico antes.

Para este exercício, você precisará de uma banheira limpa e de uma mistura de ervas semelhante às mencionadas. Você pode salpicar as ervas diretamente na água ou colocá-las em um sachê de algodão, como aqueles de chá, e deixá-las em infusão na água.

Comece enchendo a banheira. Quando a água estiver como gosta, coloque as mãos sobre ela e diga sua intenção, em alto e bom som. Entre na banheira e, se tiver tempo, recoste-se e relaxe. Deixe sua mente vagar e pensar nas coisas que o impedem de se enraizar. Procure em seu corpo por energias discordantes. No seu olhar mental, perceba e sinta seu corpo áurico, a energia e o espaço que o cerca. Quando se sentir preparado, fique de pé e esvazie a banheira.

Respire fundo algumas vezes. Agora, preste atenção ao seu corpo físico. Ouça e "olhe" para seu corpo e energia. Observe seus pés. Eles estão bem firmes no chão? Ou estão flutuando? Sua energia parece uma eletricidade estática pelo excesso de interação com o mundo digital? Ou é como um furacão assolando tudo ao seu redor? Se sim, é hora de tomar o controle!

Na sua mente, veja-se reunindo devagar essa energia e a levando para seu centro cardíaco. Imagine-a formando uma bola. Comece a girar a bola, purificando-a e levando mais energia desnecessária para ela. Continue até ficar satisfeito. Então, deixe a bola escorregar devagar para sua barriga e descer por sua pelve até suas pernas.

Enquanto vê a energia desnecessária chegar aos seus pés, imagine que está de pé sobre um ralo energético, e que o ralo é de *fluxo livre* e não está tampado. Veja a energia gotejando para fora de seu corpo para o ralo, descendo para a terra, onde é purificada. Faça isso até que sua energia esteja pura, harmoniosa e onde você quer que esteja.

Para encerrar, imagine o ralo fechando e desintegrando-se no chão. Então, veja-se alcançando o céu, esticando seus braços, formando um V – como um símbolo alquímico para água ou um cálice. Dos céus caem sobre você gotas de água transparente como o cristal, com uma carga positiva. Quando essa água purificadora cair, pegue-a com sua "taça", ou seja, com seus braços formando um V.

Sinta seu chacra coronário abrir-se e receba a água. Ela deve preencher todos os pontos de seus corpos áurico e físico e substituir toda a energia negativa que acabou de remover. Quando você estiver reabastecido com as águas do céu, una as mãos em uma postura de oração e toque sua sobrancelha, seus lábios e depois seu centro cardíaco. Agradeça aos espíritos e à água com os quais trabalhou. Quando a visualização terminar e a água escoar, feche tanto o ralo visualizado como o físico.

As ervas que você usar fornecem propriedades de enraizamento adicionais a esse ritual. Se for preciso, no entanto, você pode fazer este exercício inteiro no banho apenas com água. Na verdade, em uma emergência, você pode usar essa visualização sem água física – em quaisquer momento e lugar! Por sermos pessoas aquosas, nossas emoções são fluidas e, muitas vezes, absorvemos as vibrações e emoções dos outros. Algum dia, você pode ter de usar essa técnica imediatamente e não pode esperar até chegar a sua casa, onde pode tomar um banho e relaxar.

Blindagem

A blindagem é uma forma de se proteger de energias que não sejam suas, inclusive nas dimensões astrais. Embora esta seja outra prática considerada básica, até os praticantes mais avançados continuam a trabalhar em suas habilidades de blindagem com frequência. Com o tempo, a blindagem ficará bem fácil. Mas, lembre-se: só porque é fácil, não quer dizer que seja desnecessária. A blindagem no plano astral o ajuda a manter sua ligação com a terra e também a controlar o fluxo de energia que você quer conectado a si. Ela fecha a porta na cara de um convidado indesejado e dá proteção instantânea contra entidades astrais inconvenientes.

Os amuletos de proteção física são feitos para protegê-lo nos planos terreno e espiritual, ou quando você não consegue se proteger no plano astral (veja capítulo 3). Nestes exercícios, você usará a visualização. Encontre uma posição confortável e entre em uma meditação suave. Assim que tiver conseguido essas visualizações na sua mente, poderá fazê-las em quaisquer momentos e lugares. Quando tiver dominado as técnicas, poderá até usá-las enquanto conversa com um amigo ou uma pessoa indesejável.

Exercício: A cachoeira

A cachoeira é uma técnica fascinante que uso há anos. É uma técnica boa para usar principalmente quando você quer interagir com outras energias, mas ainda quer se preservar. Comece esta visualização imaginando-se de pé atrás de uma cachoeira, com a pessoa, ou pessoas, com quem interage do outro lado. A água corre de forma contínua, purificando constantemente a energia entre vocês, além de proporcionar uma barreira. Isso também pode ser eficaz em uma multidão, apenas visualize a cachoeira ao seu redor. Você pode acelerar e aumentar o fluxo de água se precisar de mais proteção e abrandá-lo se não sentir necessidade de um escudo tão forte.

Exercício: A bolha protetora

A bolha protetora é uma das técnicas mais populares e há muitas versões dela. Alguns visualizam uma bolha; outros, uma bola de luz. Já visualizei até uma bola de espinhos! Se você quiser se conectar com o elemento água enquanto se blinda, visualize uma bola de água pura em um redemoinho que o envolve sempre. Essa também é uma prática boa para começar o dia. Visualize-se flutuando em uma bolha que cria um casulo aquoso ao seu redor. Não dissolva a bolha antes de encerrar a visualização, para que você possa manter a proteção constante ao longo do dia.

A blindagem breve é uma técnica que pode ser utilizada de imediato em situações urgentes. Você pode fazer isso usando seu olhar mental, mesmo enquanto realiza outras tarefas cotidianas. Não precisa parar para sentar e alterar sua consciência. É só começar sua visualização para invocar proteção imediata.

Exercício: A muralha de gelo

A muralha de gelo é uma das minhas técnicas de blindagem favoritas. Funciona rápido e é mais agressiva do que a bolha ou a cachoeira. Ela ajuda em situações nas quais seus limites foram cruzados, você se sente inseguro ou entra em contato com uma entidade humana ou espiritual indesejável. Serve também para quando você está lidando com uma pessoa agressiva que não aceita não como resposta.

Nesta técnica, você visualiza um bloco de gelo caindo do céu e aterrissando entre você e aquilo ou a pessoa contra quem você quer se blindar. O bloco pode ter a espessura que você quiser; o meu costuma ter uns 60 ou 90 centímetros de espessura, dependendo da circunstância. Você também pode se cercar com uma "caixa" de gelo em casos nos quais a energia indesejável o atinge de todos os ângulos. Derreta-o depois de usá-lo, no entanto, para que você possa se conectar com quem ama.

Exercício: A onda gigante

A onda gigante é usada em situações emergenciais. Todos já fomos pegos em situações inesperadas das quais precisamos escapar ou nos proteger. A onda é uma técnica de blindagem emergencial que pode ser usada para lavar qualquer coisa que você não quer na sua esfera. Para começar, visualize uma onda gigantesca que cai rápido e furiosamente para se livrar da pessoa ou energias indesejáveis. Em alguns casos, você também pode querer a onda para evacuar o espírito ou pessoa desagradável completamente. Costumo visualizar a onda vindo de trás da entidade ou pessoa e tragando-as, deixando meu espaço e esfera limpos e puros, sem energias indesejáveis.

Limpeza e Purificação

Limpeza e purificação são uma parte necessária da vida cotidiana das bruxas. Assim como o enraizamento e a blindagem, elas são a base de nosso ofício, mas nunca somos avançados demais para praticá-las. Muitas vezes, essas práticas são usadas juntas para livrá-lo de impurezas, entidades apegadas e energia estranha, enquanto eleva suas vibrações a um estado mais puro, sagrado ou santo. Assim como seu corpo físico precisa de limpeza diária em um banho para livrá-lo das impurezas do seu ambiente e trabalho diário, seu corpo energético também necessita. A energia residual pode aumentar enquanto você estiver fora todos os dias no mundo, assim como os resíduos espiritual e energético podem aumentar em seu trabalho ritualístico. Costumo pegar energias negativas no mercado, você pode pegá-las no trabalho, de alguém com inveja de você, ou até de um pequeno boato ou fofoca que tenham sido enviados para você. As técnicas de limpeza e purificação também podem ser usadas para remover a energia eletromagnética que se acumula pelo uso diário de aparelhos eletrônicos e a energia desequilibrada que eles podem trazer.

Focaremos aqui algumas técnicas básicas, mas é importante notar que limpeza e purificação são usadas muitas vezes com banimento e eliminações de maldições. Terminado o trabalho pesado desses rituais, a limpeza auxilia a remover a energia residual e a purificação ajuda a recolocá-lo em um estado de sacralidade e equilíbrio. Desenvolver um ritual diário ou semanal de limpeza e purificação pode ser incrivelmente benéfico para todos os praticantes.

As ervas que costumam ser usadas para limpeza e purificação são:

- Verbena
- Hissopo
- Manjericão
- Rosa branca
- Bétula
- Alecrim

- Hortelã
- Angélica
- Louro
- Cardo-bento

Nem sempre temos tempo de tomar um banho sagrado ou até de passar o tempo em um ritual ou meditação. Durante esses momentos, no entanto, você ainda pode se conectar com a água e limpar ou purificar-se, fazendo coisinhas aqui e ali para manter-se alinhado com seu bem maior. Os meios rápidos de limpeza e purificação incluem beber água-benta ou consagrada, aspergir misturas de ervas para purificação ou água-benta pré-fabricadas, aspergir ou abençoar fazendo o sinal da cruz com ervas sagradas e água-benta. No Beltane ou no Lammas, era tradição abençoar a casa e o batente da porta com palha na direção dos ponteiros do relógio.

Limpeza

Ao longo do tempo, e em vários lugares, a água foi usada por muitas culturas para purificar, limpar e transformar espiritualmente. Os antigos sabiam que a água era preciosa e a tratavam como tal. Nos tempos modernos, alguns países deram até direitos humanos aos rios. Infelizmente, outros os destroem com poluição e produtos químicos. Povos antigos e as gerações que vieram depois honravam a prática da limpeza espiritual com água. Banhar-se, borrifar, despejar, aspergir e santificar são todas técnicas que foram usadas para consagração e limpeza espiritual por eras.

Quase todas as culturas têm algum tipo de ritual de limpeza com água. As lavagens purificadoras de chão foram usadas por muitos praticantes populares. Em Bali, sumos sacerdotes realizam rituais de limpeza estática, jogando água em participantes, enquanto estes entoam cânticos e oram. No ritual hindu, a purificação é praticada com um banho nas águas sagradas do Ganges; os xintoístas costumam usar o poder de uma cachoeira natural para um ritual de purificação. Há vestígios de práticas similares centradas em poços, rios e lagos sagrados ocultas nas mitologias celta e europeia.

As bruxas usam a água para limpeza de várias formas:

- *Aspersão com ervas*: Junte ervas sagradas e frescas em um maço, mergulhe-as em água-benta e então borrife a água sobre a pessoa, sala ou item a ser purificado, enquanto ora ou entoa cânticos ou encantamentos.
- *Santificação*: Esta é uma antiga forma escocesa de ritual de purificação. Um método envolvia aspergir ou lançar um recipiente de água-benta sobre a pessoa ou item a ser purificado.
- *Banho*: Tomar um banho ritualístico em água que tenha sido abençoada, consagrada ou santificada, ou que tenha um pouquinho de sal para purificá-la. O banho de enraizamento descrito anteriormente também é um exemplo de banho de limpeza.
- *Lavagens de chão*: Use-as para purificar um templo sagrado, casa ou outro espaço. O ritual de limpeza e purificação não se limita às pessoas. Também pode ser usado para purificar um local físico, como seu lar ou espaço ritualístico.
- *Sprays*: Coloque água-benta em qualquer borrifador e use-o de uma forma mais moderna para purificar e limpar.
- *Banhos em rios*: Sente-se em um rio para se livrar de energias negativas. Saia com segurança do meio do rio e sente-se ou fique de pé de costas para a correnteza. Enquanto a água lava seu corpo, veja as impurezas que são levadas com ela e sinta sua energia renovada.
- *Banho de mar*: Deixar o mar lavá-lo dá os mesmos resultados purificadores do banho de rio. Em ambos os casos, tome cuidado e fique seguro!

Bênçãos de água

Uma bênção de água é uma técnica ritualística na qual os praticantes usam água sagrada para consagrar ou abençoar (tornar santo) um objeto ou uma pessoa. Os escoceses chamam isso de *santificar* ("tornar santo") e é feito com ramos de ervas.

As bênçãos com água podem abranger qualquer coisa, de uma limpeza sagrada de seu espaço para banho à unção da sua testa em um ritual. Você também pode realizar limpezas mensais dos seus santuários ou espaços sagrados. Ou até preparar uma oferenda ou bênção especial para sua fonte de água e realizar um ritual regular em sua margem. Se fizer jardinagem, por que não regar suas plantas com uma dose mensal de um elixir de cristais para promover um crescimento maior e magia? Ou santificar o jardim a cada quarto crescente ou durante a Lua Minguante? Realmente há muitas possibilidades diferentes.

Bênçãos com água precisam de um recipiente sagrado, água-benta e um método de entrega. Pode ser uma vassoura em miniatura feita de fibras naturais, maços de ervas de um jardim, feixes de ervas culinárias frescas encontradas no seu mercado local, flores que você colheu e juntou, uma pena, uma varinha ou, até mesmo, só suas mãos limpas. Você pode usar até feixes de grama ou o ramo frondoso de uma árvore.

Seu recipiente sagrado pode ser o que quiser – um cálice, uma tigela de vidro ou um recipiente sagrado especial. Dei-lhe algumas opções sobre como criar águas sagradas e mágicas; escolha uma e despeje a água na vasilha. Diga os encantamentos ou orações que quiser e defina sua intenção. Pegue seu maço de ervas e mergulhe-o na água pela ponta de cima. Tire-o da água e chacoalhe-o, jogando a água na direção da área ou do objeto que quiser abençoar.

Usar água para abençoar ou limpar objetos, a si mesmo ou os outros é uma grande alternativa à defumação. Embora eu adore esse método, a defumação usa fumaça e fogo para limpar e purificar. Por sermos bruxas aquáticas, podemos usar água da mesma forma. No entanto, em algumas situações, quando a água causar mais dano físico do que a fumaça, você pode trocá-la pela defumação.

Exercício: Bênção com água-benta

Selecione sua água-benta e coloque-a em seu recipiente sagrado. Recomendo usar uma tigela, por ser maior do que um cálice e onde cabe facilmente um maço de ervas. Com a água na tigela, pegue seu maço de ervas frescas, varinha, pena ou outro instrumento e vá para o espaço onde realizará o ritual. Se quiser dizer uma bênção, uma oração ou um encantamento, agora é um ótimo momento. Enquanto faz isso, projete-a na água. Quando estiver pronto, mergulhe as ervas na tigela e jogue a água na direção do alvo, dizendo:

> Eu limpo este espaço
> Com amor bento e graça
> Expulso todo o mal deste lugar
> Com o poder do rio, do lago e do mar.
> Esta é minha vontade, que assim seja!

Exercício: Limpeza da Lua Minguante

Durante a Lua Minguante, prepare um ritual para limpar sua banheira, altar ou santuário. Escolha um dos métodos citados neste livro para criar água-benta e selecione sua vassoura, ramo ou maço de ervas. Você também pode amarrar flores selvagens em um ramalhete. Use métodos diferentes a cada mês e comece a fazer disso parte de sua prática mágica regular. Lembre-se de que a limpeza é tanto física quanto espiritual!

Exercício: *Spray* de cristal

Você pode fazer água-benta, colocá-la em um borrifador e borrifá-la na pessoa, objeto ou espaço que você quiser limpar, em vez de aspergi-la. Essa é uma ótima opção para um ritual mais controlado ou até uma santificação diária. Encontre um borrifador de um bom tamanho, que esteja limpo e pronto para ser usado. Coloque uma ametista ou outros cristais no borrifador com a água. Tampe e deixe a água descansar sob a Lua Cheia para energizá-la. Então, borrife a água energizada onde você precisa limpar. Veja mais opções e sugestões no capítulo 9.

Exercício: *Spray* herbal

Se tiver restrições para queimar incenso em um apartamento, tiver asma ou apenas preferir usar materiais com base de água, *sprays* herbais podem ser a solução para você. Eles são divertidos de fazer e fáceis de usar. Você só precisa coletar o material vegetal, fervê-lo em água e coar. Adicione um conservante, como conhaque ou vodca, e algumas gotas de um óleo essencial. Coloque a mistura em um borrifador e deixe esfriar. Sugiro usar hissopo, manjericão ou verbena.

Exercício: Uma rápida aspersão com ervas

Uma forma realmente boa de fazer uma limpeza rápida, ou como parte de uma prática matinal ou diária, é criar água-benta e aspergi-la apenas um pouco sobre seu corpo. Ou você pode usar um maço de ervas frescas do jardim para aspergir seu local de trabalho, seu templo ou seu escritório. Ervas de jardim, como alecrim e hortelã, bem como aquelas mais exóticas, como artemísia e losna – ou até os ramos de pinheiro ou cedro – podem ser bem eficazes e também trazer o espírito e as correspondências da planta à prática. Aspergir seu altar ou local sagrado é bem eficaz quando realizado como parte de uma prática diária. Pode ajudar a manter as energias do seu corpo e do espaço em uma vibração sacra e equilibrada.

Purificação

A purificação é o processo de tornar-se puro. Embora pareça uma limpeza, seu propósito é mais consagrá-lo do que remover energias indesejáveis. Eu mesma uso a limpeza para remover energias negativas e a purificação para me colocar em um local santo ou sacro. Isso serve principalmente antes de lançar feitiços ou realizar rituais e devoções. A purificação não tem nada a ver com pecado ou ser sujo, mas com o restabelecimento e a eliminação de energias que não servem ao seu bem maior. Pode envolver até o banimento de um espírito que esteja ao seu redor e pode não querer partir. Uso os dois juntos, é claro, pois você deve primeiro estar limpo para ser purificado e santificado.

Utilizo a purificação durante banhos ritualísticos que tomo como preparação para um trabalho ou que servem para limpar o corpo e purificar a alma. Rituais de purificação são um pouco mais complicados e dão mais trabalho do que um ritual de limpeza diária rápida. Por isso, faço rituais de purificação no banho na Lua Cheia.

Exercício: Banho de purificação na Lua Cheia

Para preparar este banho, você vai precisar de:
- 1 pitada de verbena
- 2 pitadas de hissopo
- 3 pitadas de pétalas de rosa branca picadas
- 1 colher de chá de bicarbonato de sódio
- 1 xícara de sal de Epsom (sulfato de magnésio)
- 1 pitada de sal marinho

Na Lua Cheia, combine seus ingredientes em um recipiente sagrado que tenha sido limpo e abençoado. Enquanto coloca cada elemento no recipiente, ore pedindo para sua divindade ou espíritos os abençoarem e santificarem. Deixe o recipiente ao ar livre sob a Lua Cheia para energizar.

Quando suas ervas estiverem totalmente energizadas, faça uma mistura única com todas elas misturadas ou moídas, mexendo no sentido horário pelo menos nove vezes. Enquanto faz isso, visualize uma bola branca de luz pura dançando sobre as ervas, santificando-as e deixando-as prontas para a purificação. Quando terminar, leve seus ingredientes para dentro e encha sua banheira com água.

Quando seu banho estiver pronto, despeje a mistura de ervas na banheira e mexa a água no sentido horário nove vezes enquanto entoa o encantamento a seguir. Quando estiver pronto, entre na banheira. A água deve tocar seu corpo inteiro, inclusive seu cabelo.

> Espíritos das águas profundas,
> Minha humilde alma limpai e guardai
> Purificai meu corpo e minha alma,
> Removei as impurezas e revigorai-me.
> Com o poder do lago, do rio, do pântano e do mar,
> Santificai-me, purificai-me!

Capítulo 3

Bruxas do Poço Sagrado

Nascentes, fontes e poços são fontes de água fresca que emanam do chão e são captadas em pequenos reservatórios ou correm para se juntar a outras fontes. Muitos textos mais antigos não distinguem as fontes de nascentes ou poços, como vemos na história de Melusine, na qual um espírito aquático aparece com suas duas irmãs em uma fonte no meio de uma floresta. Muito provavelmente essa era uma nascente que se achava ligada ao reino das fadas e talvez fosse até um portal para o Outro Mundo. Os seres feéricos teriam sido honrados perto do ponto de onde emanavam a fonte e os espíritos aquáticos. Em muitos casos, as pessoas controlavam a água que emanava das fontes, criando bacias de pedra para canalizar a água na direção que quisessem. A água das fontes costuma ser potável, limpa e associada a um espírito ou ser feérico, embora haja exceções, como veremos a seguir.

O folclore, os mitos e a arqueologia nos dizem que esses lugares de água sagrados eram venerados e cultuados pelos antigos e considerados locais misteriosos, onde fadas vestidas de branco ou cães--fantasmas negros eram avistados nas horas limiares. Poços sagrados foram – e ainda são – considerados em todo o mundo locais sagrados de magia, mistério e cura. Eles são famosos por terem conexões espirituais, espíritos residentes e serem portais para o Outro Mundo. Eram tidos como locais de culto e mudança pelos antigos. Na Europa, principalmente nas regiões celtas, nascentes e poços sagrados foram documentados como centros religiosos ou associados a locais históricos populares por aqueles que habitaram as áreas vizinhas. Por toda a Europa e nas Ilhas Britânicas, há centenas de nascentes, fontes e poços sagrados, e provavelmente outras milhares que se perderam no tempo.

Alguns dos poços mais populares que sobreviveram à modernidade são o Poço Sagrado de Santa Brígida, em County Clare, na Irlanda; o Poço do Cálice e a Fonte Branca, em Glastonbury; o Templo de Sulis, em Bath; o Poço de Coventina, na Muralha de Adriano; e o Poço de Madrono, na Cornuália. A arqueologia nos diz atualmente que muitos desses locais aquáticos sagrados foram pontos religiosos ou mágicos muito antes da ocupação romana da Bretanha. Os romanos incrementaram, promoveram e alteraram as práticas nos poços. Sêneca sugeriu que: "Onde surge uma nascente ou uma água corre, altares devem ser construídos e sacrifícios oferecidos". Mais tarde, os cristãos conquistaram esses pontos para seu culto, alterando de novo os nomes e os espíritos associados a eles. Muitas práticas pagãs foram, na verdade, mantidas e usadas pela nova religião. Por isso, tantos poços que antes recebiam o nome de fadas agora têm nomes de santas – tais como Santa Brígida, Santa Ana e Santa Maria. Antes de esses poços serem renomeados, muitos deles eram chamados poços das fadas ou poços mágicos, em um aceno às práticas mágicas que aconteciam lá até os tempos modernos.

Dois exemplos perfeitos disso são o Poço de Coventina e o Templo de Sulis, em Bath. O que vemos atualmente no museu popular em Bath são as ruínas romanas de um templo a Sulis. No entanto, Sulis não era uma divindade romana. Isso sugere que ela já estava associada a esse local antes da chegada dos romanos e que eles continuaram a cultuá-la, embora tendo alterado seu nome de Sulis para Sulis-Minerva. De fato, adicionar Minerva ao nome da divindade demonstrava como tanto os romanos quanto os celtas locais a consideravam importante. Os romanos costumavam mudar o nome do *genius loci*, o espírito local, de um lugar; a manutenção de seu nome, nesse caso, era bem diferente de sua prática usual.

Poços e fontes – ao contrário do oceano, de rios ou lagos profundos – têm um hábito estranho de aparecer e desaparecer à vontade. Isso ainda acontece hoje em dia. Uma vez conheci uma mulher que em um sonho encontrou um poço na floresta que se perdeu com o tempo. Ela conseguiu descobri-lo e limpá-lo. Além disso, muitos poços e fontes secam todo ano, e muitos mais se perdem nas brumas do tempo.

Muitas das fontes nas Ilhas Britânicas são associadas à cura de tudo, de olhos doloridos, fraqueza, lepra e todos os tipos de doenças. Agora sabemos que um pouco disso pode ser atribuído aos diferentes minerais presentes em suas águas. Por sermos praticantes de magia, também sabemos que a doença às vezes é causada por desequilíbrios corporais, maldições ou energia negativa, bem como por vírus ou bactérias. É importante notar, no entanto, que, embora as tradições de poços de cura possam incrementar a medicina moderna, elas não a substituem de forma alguma. Consulte-se sempre com seu médico. Por outro lado, acredito, como bruxa e curandeira, que a magia é incrivelmente útil, e não há razão para não dispor dos seus artifícios a seu favor. Alguns desses poços e fontes são conhecidos por afastar doenças, e não vejo motivo para não invocar sua proteção.

Uma fonte em Shetland tem uma história mais sombria para ser contada. Chamada Heljabriin, era famosa por suas propriedades curativas. Um mascate andarilho foi assassinado e depois jogado lá. Embora você possa achar que isso estimularia a água a ter mais propriedades amaldiçoadoras, na verdade aconteceu o oposto. Ela ficou ainda mais famosa por suas propriedades terapêuticas e muitos peregrinos iam lá para tomar sua água curativa. Era tradição jogar três pedras brancas ou moedas na nascente como uma oferenda.

Muitas tradições de poços sagrados envolvem decorações dos poços, oferendas votivas, *clooties* ou tiras de tecido (veja capítulo 3), maldições, curas e profecias. Os romanos deixaram muitas evidências de algumas dessas tradições – artefatos como pedidos de cura, tabuletas de maldição e oferendas votivas. Um dos tesouros mais importantes e ricos de oferendas votivas foi encontrado no Poço de Coventina em 1878, em Carrawbrough, Northumberland. Coventina foi uma deusa romana cultuada pelos soldados estacionados ao longo da Muralha de Adriano. O sítio arqueológico revelou 24 altares romanos diferentes, com tabuletas votivas e oferendas como moedas, anéis, contas, broches, caveiras e outros itens. Sacerdotes dos poços, sacerdotisas das fontes, encarregados de poços, homens espertos e mulheres sábias estavam todos associados a esses lugares, com responsabilidades específicas de cuidar dos poços, realizar rituais de cura ou invocar maldições por uma taxa. Evidência desse clero dos poços e das fontes persiste até hoje.

Santos e Espíritos dos Poços

Quando os cristãos construíram suas igrejas sobre locais pagãos antigos e ao lado de rios com nomes de antigas deusas, eles apenas adotaram tradições dos poços pagãs de ninfas, espíritos aquáticos e deuses que residiam nos poços, dedicando-os a santos. Mas como os espíritos, as ninfas e os deuses não saíram, a importância espiritual e mágica dos poços sagrados nunca se perdeu. Aliás, é uma das poucas tradições pagãs que sobrevivem até hoje. Os espíritos aquáticos têm um hábito de acumular seus tesouros e eles nos deixaram muitas evidências de sua existência e de seus vastos seguidores por todo o globo, sobrevivendo em templos, como artefatos, e nas religiões.

Os cristãos dedicaram os poços pagãos a santas, como Santa Sidwell, Santa Hilda, Santa Keynes e Santa Brígida. Atualmente, o Poço de Santa Brígida, em Kildare, Irlanda, é um dos poços sagrados mais populares no Reino Unido, embora Brígida seja homenageada em muitos poços como esse por toda a Irlanda. Brígida é um caso especial, no entanto, pois é cultuada e reverenciada como santa cristã e como deusa pagã. E também é venerada na Escócia. Em uma antiga simpatia que sobrevive até hoje, uma escrofulária colhida durante a subida da maré era usada para proteger o gado do mau-olhado e ajudá-lo a produzir uma boa vazão de leite.

> Colho-te, escrofulária!
> Pois conténs virtudes abençoadas,
> Com essas nove partes, nove bênçãos virão.
> Pela bênção e virtude da escrofulária,
> Que Santa Brígida esteja comigo e guie minha mão,
> Agora colho para ti uma abençoada escrofulária.

As tradições dos poços também sobreviveram no folclore de habilidosas mulheres comuns e sábias, que costumavam frequentar a igreja na manhã de domingo e realizavam simpatias e rituais populares à tarde. Mulheres sábias e homens habilidosos conheciam o poder de poços e fontes, além de muitas vezes cooptarem as águas bentas das igrejas. Eles conheciam o poder dos objetos religiosos que poderiam ser usados na cura, incluindo hóstias, velas, raspas de estátuas religiosas e, é claro, água-benta e água coletada de poços santos encontrados em adros ou perto deles.

Encontramos evidência por todo o folclore de poços vistos como portais para os mundos feérico e sobrenatural. No conto sobre a Mãe Hilda, ou a Senhora Holle, dos Irmãos Grimm, uma garota cai em um poço depois de espetar o dedo em um fuso. Ela vai para o Outro Mundo, onde Mãe Hilda vive entre macieiras em uma linda campina. No conto celta da Mulher Chifruda (veja o capítulo 1), o próprio poço fala à mulher da casa, ensinando-a a se proteger dos encantos das bruxas. É mesmo significativo que um poço tradicional seja circular, imitando o círculo sagrado das bruxas, os anéis feéricos de cogumelos e os antigos círculos de pedra, todos portais para o Outro Mundo.

Grupos de três e/ou nove mulheres costumam ser associados a fontes, aparecendo do nada em uma fonte ou poço considerados mágicos. Na *Nobre História de Lusignan*, cujo primeiro registro é de Jean d'Arras no século XIV, Melusine e suas duas irmãs aparecem do nada em uma fonte na floresta, indicando que esta era um portal mágico. Embora o formato da fonte não seja descrito, Melusine traça em seguida um círculo em volta de uma montanha, fazendo uma nascente aparecer do chão em um ato milagroso. Embora isso não seja descrito especificamente como um círculo, ela claramente cria um limite que se reúne em seu ponto inicial. Depois, oferece presentes de anéis mágicos. Vemos, no caso do Poço do Cálice de Glastonbury, que anéis ou círculos também são usados para ilustrar o significado mágico e espiritual. Embora isso não esteja explícito na história de Melusine, é uma correlação interessante.

As definições modernas de "nascente", "poço" e "fonte" são um pouco mais precisas do que o uso histórico e mítico. Em geral, fontes são classificadas como grandes reservatórios de água doce. Elas também são locais para coletar água doce e costumam ter um histórico de uso sagrado por povos locais ou nativos. Poços, no sentido moderno, são bacias circulares com um balde ou bomba para puxar a água do subsolo. As fontes modernas, em geral, são feitas pelo homem, aparecem em cenários comerciais ou cívicos e têm algum tipo de mecanismo que faz a água circular. Costumo trabalhar de uma forma diferente com fontes modernas do que com as antigas. Descobri que algumas delas têm espíritos locais, mas elas têm uma energia diferente – uma de pura alegria e prazer visual. As modernas são a personificação viva da arte aquática e são, por si sós, uma criação da beleza.

Fontes e poços modernos são muitas vezes associados a desejos. De certa forma, eles recebem oferendas votivas de moedas, assim como as fontes antigas. Muitos jogam uma moeda na água na esperança de ter seu desejo atendido – um retorno a antigos costumes e pactos feitos com fadas no local da fonte encantada na floresta.

Explorar as famosas fontes sagradas e poços mágicos nas tradições celtas pode lançar luz sobre como criamos nossas próprias práticas modernas com a água. Acho fascinante que ainda existam templos de água na Grã-Bretanha e na Europa hoje. A preservação de tantos poços e templos serve de prova de que existia um culto à água lá – um culto cujas práticas foram preservadas nas simpatias populares e nas antiguidades descobertas por arqueólogos. Conto algumas dessas histórias, a seguir, na esperança de que bruxas e magos da água possam se inspirar por feitiços, mitos e folclores antigos para elaborar sua própria prática de magia aquática moderna.

Mãe Shipton e o poço gotejante

Mãe Shipton era uma famosa profetisa que nasceu em uma caverna em um rio em Knaresborough, na Inglaterra. Nascida Úrsula Southeil, filha ilegítima de uma jovem órfã chamada Agatha, que a deu à luz em uma caverna no rio Nidd, em 1488 (15 anos antes de Nostradamus). Ela se casou com um carpinteiro chamado Toby Shipton e tornou-se uma das profetisas mais famosas da Inglaterra.

Ela não era apenas uma profetisa, no entanto. Era também considerada uma bruxa aquática. Úrsula nasceu perto de um antigo poço dos desejos mágico que poderia transformar itens em pedra. Reza a lenda que houve uma terrível tempestade na noite em que ela nascera, que trouxe trovões estrondosos, rachaduras no solo e o cheiro de enxofre no ar. Ela nasceu incrivelmente deformada. Na verdade, alguns acreditam que ela seja responsável pelo visual de "velha encarquilhada" que costuma ser associado a bruxas. Ela estava entre as primeiras bruxas na Inglaterra a ser descrita como deformada, que possuía os estereotipados dedos tortos e um longo nariz curvado.

Mãe Shipton tinha uma péssima reputação por se vingar de qualquer um que dissesse coisas odiosas para ela, a provocasse ou lhe pregasse peças. Ela também prejudicava ladrões comuns e brigava até com reis e nobres. Infelizmente, não temos registros de nenhuma magia que ela tenha realizado, mas temos suas profecias, sua reputação e sua história, pelas quais podemos facilmente conjecturar que ela era uma espécie de bruxa aquática. Sem dúvida, ela lançava maldições e realizava magia de cura, da mesma forma que outros faziam naquela época, e pode ter usado água de fontes sagradas ao redor de sua caverna.

A água encontrada nessa área criava um "poço gotejante" com água limpa, que corria devagar sobre uma saliência pontuda. A água era coletada em pequenas cavidades acima do poço, e corria para cima e para baixo no reservatório. Embora a água fosse muito clara, com o tempo, itens colocados nela transformavam-se em pedra – em parte da paisagem. Esse é o único poço desse tipo na Inglaterra. Ele esteve cercado de superstição e mistério por gerações. Pequenos animais, folhas, galhos e outras coisas que caíam nele transformavam-se em pedra, sem qualquer explicação aceitável. É claro que a bruxaria e a magia receberam o crédito pelo fenômeno. Em 1630, o poço foi aberto ao público e multidões o visitaram desde então. Um tempo depois, assim como muitos outros poços sagrados, ele se tornou conhecido por suas propriedades curativas. No século XVII, acreditava-se que ele curava qualquer doença por milagre.

Atualmente, compreendemos a ciência por trás desse lugar misterioso. Sabemos que a água é saturada de minerais que causam a petrificação de objetos. A água flui de um lago no subsolo, infiltrando-se pela terra no que chamamos de aquífero. Quando isso acontece, a água fica saturada de níveis elevados de sulfatos, carbonatos com cloretos e sílica, bem como traços de zinco, ferro, manganês e alumínio. Mais ou menos da mesma forma que estalagmites ou estalactites são formadas, a calcita na água deposita pequenas camadas sobre os itens deixados lá e, com o tempo, acréscimos parecidos com rochas se acumulam.

A água desse poço é considerada poderosíssima. Detém o poder da sorte, de realizar desejos, da profecia e da petrificação. A água coletada de uma caverna onde estalactites e estalagmites são formadas terá essas mesmas propriedades e pode ser usada de forma semelhante. Os peixes de cavernas também são considerados bastante sortudos e a água de um reservatório para peixes de caverna também é muito mágica. Mas não tire o peixe! Deixe-o lá, junto a um desejo. Acredita-se que a água da caverna traz força, mas aqueles que encontrarem um peixe em uma caverna só serão considerados sortudos se deixarem um prego, uma moeda ou alguma outra oferenda de metal na entrada da caverna. Caso contrário, suas vidas estarão em risco.

Perto dessas águas petrificadoras fica um poço dos desejos que tem as mesmas propriedades minerais. Há uma antiga e ainda ativa tradição de fazer pedidos nesse poço. Embora seja verdade que o poço gotejador da Mãe Shipton não seja como nenhum outro, fenômenos semelhantes acontecem em outras cavernas, como aquela chamada Peter's Paps, na paróquia de Kirkmaiden, Wigtownshire. Acredita-se que a água desse poço, coletada na boca aberta, ajuda com a tosse comprida.

Templo de Sulis

As fontes de água quente em Bath, Inglaterra, são dedicadas à deusa britânica Sulis ou Sulis-Minerva, como os romanos a chamavam. Seu culto precede a ocupação romana, mas foram os romanos que construíram seu templo, preservado pelos aristocratas britânicos dos Períodos da Regência Britânica e Vitoriano. Atualmente, você pode visitar o museu e conhecer o templo e as termas sagradas que os romanos usavam para cura e rejuvenescimento. Uma valiosa coleção de artefatos foi descoberta ali, incluindo moedas, cristais e tabuletas com maldições.

Sulis era, e ainda é, associada à cura e às águas curativas, embora a etimologia de seu nome ainda cause controvérsia. Alguns acreditam que signifique "visão limpa", enquanto outros acham que seja associado ao sol e signifique "olho do sol". Outros ainda afirmam que signifique "passagem", por isso costumam se referir a ela como Deusa da Passagem. Isso é interessante, pois Sulis na verdade não é nem uma divindade do Submundo, nem do mundo superior. Portanto, ela realmente é a deusa da passagem, do lugar entre os mundos – ela está ao mesmo tempo aqui e lá, dentro e fora. Isso também se reflete em sua natureza dupla, como deusa da cura e da maldição. Suas termas eram famosas pela cura e pelo rejuvenescimento, mas escavações feitas lá revelaram mais de uma centena de tabuletas com maldições. Muitas eram gravadas em chumbo e rogavam a Sulis para amaldiçoar aqueles que causaram mal ou roubaram bens.

Poço do Cálice

O Poço do Cálice de Glastonbury tem uma longa história, remontando a tempos cristão e pagão. Os cristãos afirmavam que o poço continha o Santo Graal, levado lá por José de Arimateia, o discípulo secreto que protegeu e enterrou o corpo de Jesus. Por isso recebe esse nome e se tornou um lugar associado com a cura e a transformação femininas. As águas do poço originam-se a alguns quilômetros de distância, brotando de uma nascente nessa paisagem sagrada. Tanto doenças físicas como males espirituais foram curados ali, e o poço ganhou uma reputação por cura mágica profundamente conectada a Avalon e aos mistérios da paisagem local. A água do Poço do Cálice não se origina ali, no entanto, mas a quilômetros de distância e nasce a apenas metros de distância da Fonte Branca (veja a seguir).

O termo técnico para a água vermelha rica em ferro encontrada no Poço do Cálice é água *calibada* ou ferruginosa. Embora esse possa ser o poço "vermelho" mais popular, há muitas outras nascentes e fontes de água que deixam esses depósitos ricos em ferro. Na verdade, há literalmente centenas de nascentes ferruginosas em todo o mundo. Até a fonte Sulis, em Bath, deixa uma coloração alaranjada na terra por onde corre.

Além do mais, poços vermelhos não são a única fonte de água colorida. Há alguns relatos de poços com água preta. Dizem que uma fonte sulfurosa fora de Queen Camel, em Somerset, enegrece a prata, recebendo por isso o nome de Blackwell (Poço Negro). Há outro curioso poço negro chamado Poço do Rei Artur, no sul de Cadbury. No início do século XIX, há relatos de que ele continha água preta que poderia ser tóxica. Há também um pequeno poço negro em Glastonbury, nas profundezas das ruínas da abadia em Lady Chapel. Uma pequena arcada cobre o poço estagnado usado no passado pelos monges que moravam lá. Esse poço negro, que fica tão perto da Fonte Branca e do Poço do Cálice, adiciona uma camada nas águas misteriosas de Glastonbury.

A Fonte Branca

Do outro lado do famoso Poço do Cálice de Glastonbury, separado apenas por uma alameda estreita, fica um santuário misterioso e sombrio. Esse é o lar da Fonte Branca, um templo dedicado às divindades Gwyn ap Nudd e Brígida. Ali, em uma antiga casa de poço vitoriana, velas iluminam as paredes e os santuários, há altares por todas as paredes e nos cantos. Uma arcada de ramos de aveleiras emoldura uma figura de deusa divina e duas esculturas de dragões formam uma arcada que leva ao santuário de Gwyn. O gotejamento de água está sempre presente. Do lado de fora dos portões da casa do poço, há um pequeno santuário adornado com pedaços de fitas, vidro e outros objetos brilhantes. Os portões de ferro que se abrem para esse santuário sombrio ostentam os símbolos de Glastonbury – a chama sagrada e a cruz de Brígida – e a energia da Fada Morgana paira pesadamente sobre o santuário e a antiga cidade (veja a seguir).

Embora esteja bem próximo a ele, a Fonte Branca não é ligada ao Poço do Cálice de qualquer forma física. Eles têm fontes de água completamente diferentes. A Fonte Branca deriva seu nome dos depósitos de calcário que se acumularam pelo caminho percorrido pela água que a alimenta. Essa água é rica em cálcio e tem propriedades curativas. A paisagem está imersa em magia. Glastonbury Tor é o reino do Rei das Fadas Gwyn ap Nudd, regente de Annwn e dos seres feéricos subaquáticos chamados Plant Annwn. A Fonte Branca nasce na base da colina sagrada, antes de correr para o Poço do Cálice, em paralelo com o caminho das águas desse poço.

Poço de São Madrono

Madrono, um santo da Cornuália, era um padroeiro da cura que dá seu nome a um poço terapêutico. Nenhuma documentação da vida de Madrono sobreviveu, mas ele pode ser uma cristianização da deusa mãe galesa, Modron, que, por sua vez, costuma ser associada à Fada Morgana, a famosa irmã do Rei Artur, conhecida como uma grande curandeira e protetora das fontes antes de sua personagem ser demonizada pelos escritores arturianos posteriores.

A Fada Morgana era a chefe de nove sacerdotisas, como é registrado no texto do século XII, *Vita Merlini*. Como sugere seu nome, ela é uma fada e muitos a veneravam como uma deusa. Seu nome significa "nascida no mar", de modo que ela é conectada e associada a mais fontes de água, além de apenas poços. Ao ligarmos São Madrono à deusa Modron, e então à Fada Morgana, no entanto, podemos pressupor uma conexão entre esse poço e Morgana e, portanto, classificá-lo como um poço feérico.

O Poço de São Madrono fica em Penzance e ainda é muito popular. Há uma história curiosa de cura associada ao poço, de um homem chamado John Trelill, que ficou incapacitado por 16 anos. Em 1640, ele se banhou apenas uma vez nas águas curativas do poço e ficou curado.

Fonte de Melusine

Melusine, às vezes chamada de Melusina, tem uma longa história, com muitas variações e até alguns acréscimos aparentemente sem qualquer relação. Farei meu melhor aqui para relatar seu conto da forma mais sucinta que conseguir.

Ela era a filha mais velha de um rei escocês com uma ninfa aquática chamada Pressina. Quando Pressina se casou com o rei, ela prometeu que, desde que ele nunca olhasse para ela enquanto dava à luz, ela permaneceria fiel e ele seria rico. Pressina ficou grávida de trigêmeos e, quando chegou a hora do parto, o rei entrou no quarto inadvertidamente durante o nascimento da terceira e última filha. Furiosa, Pressina reuniu suas filhas – Melusine e suas duas irmãs – e deixou a Escócia para viver em Avalon. Quando as garotas tinham 15 anos, elas souberam da história de seu nascimento, amaldiçoaram seu pai e o transformaram em pedra. Pressina ficou furiosa, pois ainda amava muito seu marido. Ela, por sua vez, amaldiçoou suas filhas, relegando a mais nova a uma vida em uma torre guardada por um falcão comedor de carne, condenando a segunda a uma vida guardando o corpo de seu pai e proclamando que a mais velha, Melusine, passasse cada sábado de sua vida com a cauda de uma sereia – ou, em algumas versões de sua história, uma cauda de serpente.

A história continua na Fonte da Sede quando Ramondin, um jovem de sangue nobre que cavalgava pela floresta, esbarra em Melusine e duas companheiras. Depois de um breve diálogo provocador, Melusine declara que se casará com ele apenas se o jovem lhe obedecesse e realizasse uma série de tarefas estranhas. Então ela lhe dá dois anéis mágicos e o envia de volta para casa. Enquanto realiza as tarefas designadas, Ramondin adquire um grande terreno que, quando medido por dois homens feéricos, dava a volta em uma montanha e voltava ao início. Nesse ponto, uma fonte mágica surgiu. Melusine, então, casou-se com Ramondin em um belo casamento de fadas completo, com riquezas, tendas e um grande banquete. Eles viveram juntos por muitos anos e tiveram vários filhos.

Um dia, ao saber da habitual ausência de Melusine aos sábados, o irmão de Ramondin questionou a fidelidade da cunhada e desafiou seu irmão a investigar. Enquanto Ramondin observava por um buraco na porta, ele a viu na banheira exibindo sua cauda de sereia! Ele guardou o segredo de sua esposa e baniu seu irmão. Então, uma série de desgraças começaram a aborrecer a família. Seus filhos começaram a enlouquecer ou serem assassinados. Ramondin, em sua dor, gritou: "Sua mulher demoníaca, olhe o que você fez". Melusine lhe disse que sabia que ele a tinha traído, mas ficaria com ele desde que guardasse seu segredo. Mas como ele, infelizmente, já tinha contado aos outros de raiva, cresceram asas de dragão nela e Melusine pulou pela janela, dando três voltas no castelo antes de voar para longe.

Dizem que, quando alguém da linhagem de Melusine está prestes a morrer, dá para ouvir seus gritos e lamúrias prevendo seu destino.

Melusine é uma fada que, supostamente, tem descendentes humanos. Ela recebe o crédito de ancestral de várias famílias nobres, incluindo os Lusignans, uma eminente família francesa cujos descendentes incluem Guy de Lusignan, um dos reis de Jerusalém. Dizem também que ela se casou com Siegfried I, conde de Luxemburgo. Essa família tem fortes laços com a Guerra das Rosas por meio da família Rivers. Jacquetta de Luxemburgo, também conhecida como Lady Rivers, teve uma filha chamada Elizabeth Woodville, que se tornou esposa e rainha consorte do rei Eduardo IV. A imagem de Melusine permanece até hoje como a rainha sereia no logotipo da Starbucks.

Árvores e Poços Sagrados

Muitos tipos diferentes de árvores estão associados a poços sagrados, e há um corpo substancial de folclore e experiência moderna para corroborar isso. Alguns poços tiveram árvores plantadas intencionalmente perto deles, como o espinheiro em Chibby Drine, na Ilha de Man. Outros têm árvores crescendo naturalmente perto ou ao redor deles, muitas vezes bloqueando sua visão. Muitas dessas árvores têm um folclore e uma história sagrada próprios.

Além de ter uma energia única e associações com os poços que cercam, as árvores acompanham os temas gerais de proteção, cura e associação a espíritos aquáticos dos poços sagrados. Alguns acreditam até que árvores específicas agem como guardiãs, abrigando os espíritos que protegem os poços e mantendo uma ligação mística com eles. Trapos ou faixas de tecido (veja capítulo 3) e oferendas votivas são deixados dentro, em cima ou embaixo das árvores que ficam perto de poços sagrados. Algumas das árvores mais encontradas perto desses poços são:

Sabugueiro: Uma árvore feérica que também foi associada a bruxas e encantamentos. Há vários poços desde Roberttown, na Inglaterra, até o País de Gales, com sabugueiros crescendo em sua paisagem.

- *Freixo*: Árvore sagrada tanto na Inglaterra como na Escandinávia. No folclore setentrional, Yggdrasil é um freixo enorme que liga os nove reinos – embora haja alguma especulação de que seja na verdade um teixo. No pé dessa grande Árvore do Mundo fica o poço do passado (Urth), o poço da sabedoria (Mimir) e o poço espiritual chamado Hvergelmir. Existem muitos freixos no cenário dos poços sagrados ingleses. Alguns bons exemplos são o Poço do Freixo Santo, o Poço Peggy, o Poço Skye e o Poço das Fadas de Saint Nun.

- *Carvalho*: Uma árvore com muitos tipos de folclore associados a ela. É sagrada a muitas divindades, como Zeus, Thor e Javé. Também era muito associada aos druidas. Os poços associados a carvalhos são o Healy, o Llancarfan e o Poço da Sacerdotisa. O carvalho também era ligado ao trabalho oracular, aos portais e à sabedoria.

- *Aveleira*: Uma árvore sagrada associada a contrabruxaria, tradição das varinhas de condão e radiestesia. Dizem que o Poço Celta da Sabedoria tem nove aveleiras sagradas sobre suas águas, suas avelãs concedem sabedoria ao salmão que nada na lagoa e as come. Avelãs também foram usadas como oferendas votivas. Ramos dessa árvore eram utilizados para formar a forquilha tradicional para radiestesistas ou bruxas aquáticas.

- *Azevinho*: Outra árvore associada à proteção. Para os romanos, ela era uma árvore de cura e era sagrada para os druidas. Há muitos poços no País de Gales com azevinhos ao seu redor e vários no Reino Unido também, incluindo o Poço Tomblig.

- *Teixo*: Associado à previsão de morte, que era realizada com ramos de teixo. Muitas dessas árvores foram encontradas crescendo nos bosques sagrados ao redor dos poços. Há pelo menos seis poços sagrados no País de Gales com teixos plantados perto deles, por exemplo, o Poço do Cálice em Glastonbury, o mais famoso dos poços.

- *Sorveira ou sorva:* Uma árvore com um longo histórico folclórico associada a proteção e adivinhação. É encontrada em muitos poços no Reino Unido. Embora ela não tenha uma ligação tão forte com poços sagrados como o teixo, o espinheiro e a aveleira, ainda assim tem uma presença. Há um longo histórico de usos dela para proteger contra bruxas e bruxaria. No primeiro dia de maio, ao lado do Poço do Sacerdote, perto de Narberth, crianças decoram os poços com sorveira para afastar as bruxas.

- *Espinheiro:* Árvore associada há muito tempo à magia de proteção e aos reinos das fadas. Thomas the Rhymer encontrou a Rainha Fada em um espinheiro e essa é considerada uma árvore sagrada nas práticas de renascimento de Glastonbury. Espinheiros são encontrados ao redor ou perto dos poços Lady, Hesp, Margaret, entre outros poços feéricos. Essa árvore era associada ao Beltane e eram feitas simpatias com ela para proteger o gado e contra feitiçaria. Também é associada a castidade, purificação e Avalon. O espinheiro é muito famoso por ser uma árvore feérica, e aquela que fica sozinha perto dos poços marcava o lugar tão sagrado àqueles do reino das fadas.

- *Amieiro:* Nem sempre associado aos poços sagrados, mas sempre ligado a água e espíritos aquáticos. O amieiro era relacionado à proteção, e as árvores que crescessem perto de locais de água sagrada, rios e córregos agiam como guardiãs ou protetoras dos espíritos aquáticos que lá viviam. Os frutos dessa árvore, às vezes chamados de botões negros, eram usados para decorar poços sagrados. O amieiro é outra árvore utilizada para encontrar água por meio da radiestesia. Há contos populares de espíritos aquáticos presos em amieiros.

Outros Guardiões de Poços

Na Escócia, os poços estavam intimamente ligados a divindades locais e, muitas vezes, tinham santuários ou locais de culto perto deles. Eles eram vistos como representações da vida e do espírito, e cada corpo de água tinha seu próprio espírito ou guardião. Outras entidades também agiam como guardiões – cães pretos, fadas e fantasmas. Até um esqueleto humano foi encontrado de pé em um poço artesiano.

Na cidade mágica de Glastonbury, muitos relataram que uma mulher de branco, a chamada Dama de Avalon, caminha pelos jardins ao redor do Poço do Cálice, aparecendo àqueles que precisam dela. De fato, há muitas "damas fantasmagóricas de branco" nas ilhas britânicas, e elas costumam ser associadas a poços e pântanos sagrados. Crenças populares semelhantes também são encontradas fora das ilhas britânicas. Para dizer a verdade, cada paróquia e cada poço tinham um espírito desses. Cachorros negros também eram associados à água, e há muitos contos e crenças populares que colocam cães negros fantasmagóricos nos espaços liminares entre a terra e a água.

Minerais e Substâncias Químicas

Nascentes e poços são conhecidos por seus poderes curativos mais do que por qualquer outra coisa, e a imagem de um poço sagrado traz visões de cura à mente. Acontece que há razões científicas por trás das propriedades curativas de algumas nascentes. Fontes termais, ou fontes de água quente, como aquelas encontradas no Templo de Sulis, em Bath, eram locais bem populares de revigoramento e cura entre os aristocratas da Grã-Bretanha do século XVIII. Os Estados Unidos têm muitas fontes quentes ou termais que eram, e são, usadas para fins terapêuticos. Surgiram *spas* ao redor delas, que se tornaram muito populares, como pontos turísticos no final do século XIX e início do século XX. Alguns ainda estão em funcionamento.

Além das propriedades terapêuticas da água quente, muitas fontes e poços contêm níveis elevados de minerais dissolvidos que também têm propriedades terapêuticas. Os antigos não conheciam esses minerais, mas seus efeitos. Alguns dos minerais ocultos encontrados nesses poços sagrados incluem arsênio, ferro, gás radônio, cálcio, bicarbonatos, enxofre, cloreto de sódio e magnésio. As fontes que contêm gás sulfúrico eram consideradas curativas. Como esse gás tem propriedades antibacterianas e expectorantes, banhar-se na água sulfúrica quente ajudava a tratar doenças respiratórias, digestivas, urinárias, de pele e venéreas.

O radônio é um elemento radioativo invisível e inodoro que se manifesta como um gás. Atualmente, é considerado nocivo à saúde. No entanto, também tem uma história de cura e profecia. É conhecido por induzir o sono e tem a reputação de encorajar sonhos proféticos. Embora hoje saibamos que ele pode ser prejudicial, no passado era parte do mistério de poços oníricos, como o Poço de São Madrono e o Poço Sancreed. Muitos visitavam esses poços deliberadamente para dormir e receber mensagens do mundo espiritual por meio de sonhos proféticos. Há casos em que o gás radônio era (e é) usado para tratar reumatismo, doenças de pele, alterações do açúcar no sangue, cálculo biliar, doenças femininas e problemas respiratórios. Atenção: não recomento a exposição ao gás radônio para esses propósitos! A medicina moderna tem tratamentos mais seguros e eficientes para esses males. Entretanto, se você precisar de uma orientação espiritual sobre essas doenças, descansar perto de um poço, como o de São Madrono, pode trazer clareza e colocá-lo no caminho da cura.

O arsênio é outro mineral tóxico encontrado em fontes. No entanto, ele pode ter propriedades curativas em pequenas quantidades. Dito isso, não se exponha ao arsênio! Ferro, cálcio e magnésio também são encontrados em muitos poços ao redor do mundo. Entre eles, o Poço do Cálice e a Fonte Branca. O magnésio é conhecido por ajudar com as funções reguladoras do organismo e os processos celulares, bem como por auxiliar os músculos a relaxar. O ferro pode ajudar com amnésia, fadiga mental e desordens do sistema nervoso. O cálcio pode auxiliar nos ossos, fígado, músculos e coração, e pode ser usado para tratar problemas digestivos.

Porém, apesar da ciência por trás de algumas das propriedades de restabelecimento e cura da água de poços, não devemos nunca perder de vista as propriedades espirituais e mágicas dessas águas e sua conexão com o mundo natural. Na fitoterapia, sabemos que as ervas têm componentes que lhes dão poderes curativos, mas também invocamos o espírito das ervas e trabalhamos com sua magia, além de suas propriedades medicinais. O mesmo vale para a água. A ciência pode sustentar algumas das propriedades curativas de fontes e poços, mas muito será perdido se esquecermos que essas águas sagradas também têm poderes espirituais e mágicos.

Por fim, um alerta! Não beba água que possa conter quantidades elevadas de minerais tóxicos. Você é o responsável por pesquisar o local e a água proveniente e por tomar sábias decisões baseadas nos resultados de sua pesquisa. Caso se sinta inseguro, apenas beba a água se tiver determinado, sem qualquer sombra de dúvida, que ela seja segura para o consumo humano.

Simpatias e Costumes nos Poços

Como vários costumes envolvendo fontes e poços sagrados nunca se perderam realmente, e muitos ainda eram praticados no século XVIII, e até mesmo são hoje em dia, um bom número de feitiços populares, de simpatias curativas e de tabuletas de maldição foi preservado. Veremos, a seguir, algumas dessas simpatias e consideraremos interpretações modernas delas para que você possa incorporar na sua prática. Embora este capítulo lide especificamente com fontes e poços de água doce, bruxas espertas podem muito bem adaptar qualquer uma dessas práticas para seus próprios corpos de água sagrados – sejam eles lagos, rios ou talvez até o oceano.

Cânticos, músicas, ervas, pedras, alfinetes e outros objetos são usados com poços santos ou sagrados para realizar simpatias. Como vimos na pesquisa do Dr. Emoto, a água retém a vibração ou o poder de cânticos, canções e objetos aos quais é exposta. Nossos antepassados sabiam disso. O folclorista Charles Godfrey Leland explicou como se acreditava na intensificação de certas propriedades curativas e mágicas das ervas, combinando-as com ou submergindo-as em água. O espírito e as propriedades da planta, da pedra ou do objeto eram simplesmente transferidos para a água. O espírito da terra passava para a planta e o da planta passava para a água. Magos, usando canções, cânticos ou orações, poderiam então enviar a dor ou a energia nociva de volta para seu lugar de origem usando a magia empática.

Há milhares de rituais e simpatias populares de quase todas as culturas que envolvem um corpo de água sagrado, tais como adicionar plantas ou ervas em água e lavar o chão com essa mistura, banhar crianças e doentes, usar pedras imersas em água ou simpatias utilizando águas diretamente para a cura. Todos nos dão pistas de como nossos antepassados os praticavam. Essas simpatias antigas dão inspiração para bruxas aquáticas modernas quando elas as usam para realizar feitiços com base nas antigas práticas populares. Até mesmo o simples ato de jogar moedas na água, como uma oferenda ou em troca de um desejo, é uma prática bem antiga que pode remontar a tempos pré-romanos.

Poços foram e são usados para trabalhos mágicos mais sinistros também. No caso do templo em Bath, dedicado a Sulis, foram encontradas mais de 100 pequenas tabuletas de chumbo chamadas *defixiones*, que pedem para Sulis-Minerva punir ou amaldiçoar pessoas por várias ofensas, em geral por roubar roupas ou outros bens, enquanto a vítima tomava banho. Poços com água que não fosse potável, sulfúrica ou suja também eram usados para amaldiçoar, embora muitos outros poços sagrados também tiveram sua parcela de maldição. Uma maldição popular envolvia dobrar um alfinete, possivelmente da roupa da pessoa que se queria amaldiçoar, ou dobrar um alfinete enquanto fala o nome da pessoa e depois o jogar no poço – daí o termo *"pin well"* (poço dos alfinetes). Em alguns casos, uma mulher sábia encarregada do poço ou um camarada esperto eram pagos para criar uma simpatia ou feitiço para amaldiçoar um inimigo ou curar.

Alguns poços têm espíritos nocivos ligados a eles e alguns espíritos que parecem malignos não são na verdade. Vários poços são conhecidos por terem esqueletos completos neles. Em alguns casos, eles eram considerados guardiões dos poços, em outros, acreditava-se que os esqueletos eram colocados lá como um sacrifício ou talvez como uma punição. Às vezes, o espírito que vive na água é uma alma perdida que pertence ao reino dos fantasmas ou antepassados.

Na igreja de Chapel Wells, localizada na paróquia de Kirkmaiden, há um poço que dizem ter propriedades curativas. Ele é único por ficar perto do mar e ter três bacias ou reservatórios diferentes, onde a água do mar se mistura com a água do poço quando a maré sobe. Em uma simpatia registrada lá, uma criança era despida e mergulhada na primeira bacia segurada pelo pé. Isso era repetido na segunda bacia. Por fim, o rosto e os olhos da criança eram lavados na água da terceira bacia. Para completar o ritual, uma oferenda era deixada em uma capela na gruta, especificamente atrás da porta ocidental. Esse ritual curaria a doença na criança.

Existe um poço na Ilha Maree, em Loch Maree, Escócia (que recebeu esse nome por causa do Santo Maol Rubha), onde se realizava uma simpatia para curar doença mental rebocando o paciente três vezes em volta da ilha em um barco, mergulhando-o no lago depois de cada volta. Após a terceira volta, o paciente bebia água do poço sagrado na ilha. Depois, um pedaço de pano em um prego ou uma moeda eram jogados na árvore ao lado do poço.

No folclore cristão, pessoas aproximavam-se de alguns poços sagrados invocando a Santíssima Trindade antes de dar a volta neles e, então, mergulharem na água pela cura. Esses poços eram dedicados a Santa Maria e eram visitados por mulheres que tinham problemas para engravidar. A água do poço também era muito usada para adivinhação de cura, utilizando uma banheira ou tigela de água que era levada ao quarto do doente. Uma tigela de madeira era colocada para flutuar na água do poço na banheira. Se a tigela se movesse no sentido horário, era um sinal favorável; se fosse ao contrário, era desfavorável.

Lady Wilde registrou uma curiosa simpatia popular que envolvia um poço sagrado. Nove pedras pretas eram coletadas antes de o sol nascer. A pessoa buscando a cura era levada por uma corda ao poço sagrado, tomando o cuidado de não falar. Três das pedras então eram lançadas no poço: a primeira em nome de Deus, a segunda em nome de Cristo e a terceira em nome de Maria. Isso era repetido em três manhãs consecutivas para curar a doença. Essa simpatia também pode ser realizada em nome do Rei das Fadas, do espírito do Poço e da Rainha das Fadas.

O Poço Lucky de Beothaig, perto de Kintyre, na Escócia, tinha uma reputação de conseguir controlar os ventos. Para produzir o vento desejado, o poço era esvaziado com uma tigela ou concha e a água era jogada na direção desejada de três a nove vezes.

Os reservatórios de água pelos quais corpos eram levados para funerais, principalmente aqueles em um vau ou uma ponte, eram misturados muitas vezes para combater o mau-olhado. Essa simpatia envolvia pegar a água com muito cuidado em um recipiente que não tocasse o chão e mergulhar uma concha de madeira que contivesse um pedaço de prata. Por fim, o paciente dava três goles na água prateada e era aspergido com o restante. A água prateada (veja o capítulo 1) tinha uma função em várias dessas simpatias. Em um caso, a pessoa deveria dar três voltas no poço, jogar a prata dentro dele, beber a água do poço fazendo um pedido e encerrar com uma oferenda.

Na Escócia, o primeiro balde de água retirado de um poço no dia do Ano-Novo traria boa sorte e ajudaria a garantir um bom cônjuge. Uma maldição baseada em uma antiga simpatia escocesa orientava o praticante a apagar uma vela preta com o nome do alvo esculpido nela enquanto dizia:

> Que todos os teus encontros sejam desagradáveis.
> Que não progridas.
> Que todos aqueles que amas vão à ruína.
> Que nunca compreendas.
> Que acidentes perigosos aconteçam a ti.
> Água preta, amaldiçoo-te.

Oferendas Votivas

Poços sagrados são visitados em uma variedade de dias diferentes por diversos motivos – às vezes por peregrinação, para levar oferendas, e outras vezes para reconhecer ou celebrar uma divindade ou santo específico. Neste último caso, a própria visita torna-se parte da oferenda. Em algumas situações, o dia da semana no qual a visita aconteceu importava – às vezes no domingo, no primeiro domingo do mês ou em sextas-feiras consecutivas. Ou ainda datas específicas determinavam a visita. O Poço de Santa Catarina, por exemplo, localizado na costa meridional da Ilha de Eigg, era visitado no dia 15 de abril pelos aldeões que davam voltas no poço no sentido horário. Os dias do cruzamento dos quadrantes na roda do ano, Beltane (1º de maio), Samhain (dia de Todos os Santos) e Imbolc (2 de fevereiro, dia da Apresentação do Senhor), eram dias populares para visitar poços. Durante essas visitas especiais, os poços eram enfeitados com lindas flores, frutos e velas como um meio de dar oferendas e agradecer aos espíritos, fossem eles santos, ninfas aquáticas ou fadas.

Também eram realizadas oferendas votivas para pagar por maldições ou curas. Nesse sentido, elas podem ser vistas como negociações ou até propinas. Os itens usados nessas oferendas incluíam uma grande variedade de artefatos, inclusive faixas de tecido, esculturas de pedra, cabeças humanas, animais sacrificados, armas, caldeirões, cristais, alfinetes, tabuletas de maldição, contas e joias.

Fósseis de Amonites

Os restos fossilizados de criaturas marinhas antigas têm seu próprio poder aquático e alguns poços sagrados os incorporaram em suas estruturas. Um bom exemplo deles são os amonites, conchas espirais fossilizadas de um tipo de molusco que viveu no tempo dos dinossauros. Os amonites carregam a energia primordial do mar, mas também têm uma ligação interessante com os poços e a água doce. São nossos antepassados, e seu formato pode representar os ciclos da terra e a natureza cíclica do Ofício. Podem ser usados de formas semelhantes, ou com o náutilo de concha alveolar, que também tem um formato em espiral.

Eles eram reverenciados por nossos antepassados britânicos, gregos e romanos, bem como por nossos ancestrais alemães e escoceses. Os romanos acreditavam que colocar um amonite piritizado debaixo do travesseiro induzia sonhos proféticos; os gregos achavam que colocá-lo debaixo do travesseiro curava insônia e induzia sonhos agradáveis. Provavelmente essas práticas foram levadas ao mundo celta. Isso nos mostra que as bruxas modernas podem usar amonites para ajudar no trabalho com sonhos, na adivinhação e nos sonhos proféticos.

Amonites às vezes eram chamados de pedras-serpente ou draconitas. Na Europa medieval, acreditava-se que fossem cobras petrificadas e muitas vezes eram pintados ou esculpidos no formato de cabeças. Associados aos poços sagrados encontrados em Glastonbury, Whitby e Keynsham, eles adornam os jardins no Poço do Cálice e contornam as praias de Lime Regis. Estão relacionados a Santa Hilda, São Keyne e São Cuteberto. Os poços sagrados em Whitby e Saint Keyne contam histórias bem semelhantes sobre como esses santos transformaram todas as serpentes da terra em pedra. Segundo eles, se você abrir um amonite, encontrará uma serpente. Essas crenças e práticas permaneceram ativas até a era vitoriana. Pessoas inteligentes ou outras costumavam esculpir uma cabeça de serpente em um deles como "prova" de suas origens e usar os fósseis para criar simpatias.

Na magia e na bruxaria popular tradicional, amonites podem ser usados como "pedras para massagem". Em geral, pedras de massagem são rochas planas usadas para cura, mas eles funcionam muito bem para isso. Nas simpatias tradicionais, o praticante passa a pedra pelo corpo, curando a área atingida pela doença, transferindo o mal do corpo para a pedra. Se o doente não estiver disponível para o procedimento, o corpo pode ser visualizado e a pedra tocada representando a parte afetada do corpo. Como em toda magia popular, essa simpatia pode ser usada para fazer mal e curar. Nas ilhas ocidentais da Escócia, amonites são chamados "pedras anticólicas", pois se acredita que elas podem curar cólicas em vacas ao se lavar a parte afetada com água na qual a pedra ficou em infusão por algumas horas.

Na magia popular europeia, amonites foram usados como amuletos para fertilidade, cura, além de serem utilizados em uma preparação de água de cura. Eles também eram colocados em baldes de ordenha para impedir que o leite secasse. Pescadores os utilizavam para garantir uma boa pesca e, às vezes, os usavam em pingentes ou anéis. Também há evidência escrita do uso do amonite como um amuleto de boa sorte no início do século XIX.

Você pode fazer um elixir de amonite que pode ser usado na sua magia aquática moderna. Apenas tome o cuidado de não ingerir a água, pois alguns fósseis contêm pirita e podem ser tóxicos. Pode-se energizar o elixir com uma intenção específica enquanto o cria, ou usá-lo para qualquer um dos propósitos tradicionais discutidos aqui – água do sonho, para simpatias contra cólicas e cura.

Clooties (Tiras de Tecido)

A palavra *clootie* vem do termo escosês *cloot*, que significa "tiras de tecido". Essas tiras são trapos, pedaços de tecido ou de roupas rasgados mergulhados em água-benta e pendurados, amarrados ou pregados em uma árvore sagrada que fique perto de um poço também sagrado. Às vezes, identificações feitas com cabelo, sangue ou cuspe são usadas ao lado do pano ou nele quando este é amarrado na árvore. Se esta for um espinheiro, os panos podem ser empalados em um espinho, em vez de amarrados no tronco.

Essas tiras de pano foram usadas de várias formas em poços sagrados. Tradicionalmente, quem fosse ferido ou precisasse de cura aproximava-se de um poço de cura e rasgava um pedaço de tecido de sua roupa perto da área afetada. O trapo era então mergulhado na água-benta – às vezes três vezes –, enquanto orações ou encantamentos eram entoados e o tecido era então amarrado de novo no doente, colocado em uma árvore sagrada ou enterrado sob uma rocha ou perto do poço. Se o tecido fosse amarrado no doente, a água-benta era usada para curar o ferimento diretamente. Pendurando o pano em uma árvore, a doença ou o ferimento eram transferidos para ele. Ao ser enterrado, ele se decompunha e com isso levava consigo a doença.

Em uma antiga simpatia para curar uma criança, duas sábias anciãs acompanhavam uma mãe e seu filho a um poço sagrado. Lá a mãe pegava a água em um cálice e a bebia. Então, uma das mulheres sábias mergulhava um pedaço de tecido na água e o amarrava na cabeça da criança, cobrindo seus olhos, enquanto a outra coletava mais água em uma garrafa.

No entanto, essas tiras de tecido não são usadas apenas para cura. Também podem ser utilizadas como oferendas votivas, embora essa pareça ser uma prática mais moderna. Até mesmo essas práticas modernas podem ajudar a estabelecer um estado mental para o ritual e acrescentar sua própria magia e energia em locais sagrados. Quando usada como uma oferenda votiva, a tira de tecido pode ser mergulhada no poço, convenientemente abençoado, e pendurada em uma árvore como uma oferenda para o espírito, o guardião ou o *genius loci* do poço.

Nunca retire as tiras de tecidos, os trapos, as moedas ou os alfinetes de outras pessoas de locais sagrados, pois você pode pegar seus problemas, doenças ou energias negativas!

Exercício: Simpatia com pano

Faça a versão do feitiço com pano que preferir. Fique à vontade para criar sua própria versão, seja criativo! No entanto, cuidado: na prática moderna, você deve usar apenas tecidos biodegradáveis, como algodão natural e sem tinta, linho ou seda. Fibras artificiais como poliéster não se decomporão e podem poluir a área sagrada, além de as tintas modernas serem muitas vezes tóxicas. Parte da magia é que, quando o material se decompõe, a doença ou o ferimento diminua. Usar materiais que não se decompõem anulará a força da simpatia. Se não tiver o costume de usar tecido de fibras naturais, compre um pedaço de algodão e deixe-o amarrado na área afetada por nove dias consecutivos para conectá-lo a si mesmo e ao seu ferimento, depois realize o ritual no poço sagrado. Essa é uma boa modificação e ideal para o meio ambiente e os espíritos que cercam o poço.

Por fim, se você visitar um poço sagrado e quiser personalizar sua tira de tecido com sangue, cuspe ou cabelo, tenha o cuidado de não introduzir seus fluidos corporais em locais sagrados populares e não os jogue no poço!

Exercício: Entrada no reino das fadas

Muitas lendas e mitologias descrevem poços e fontes sagradas como portais aquáticos para o Outro Mundo. Neste exercício, você visualizará um poço e usará a visão para acessar o Outro Mundo, o mundo das fadas.

Note, por favor, que você usará o poço para entrar no Outro Mundo em uma viagem espiritual e não literal. *Não pule em um poço de verdade*, pois isso pode machucar ou algo pior. Sempre tome cuidado perto da água e sempre fique seguro. Essa meditação pode ser realizada perto de um poço – talvez sentado ao lado dele – ou na sua casa. Você pode testá-la perto de um rio ou do oceano, modificando a visualização para atender às suas necessidades.

Para prepará-lo, encontre o local que quiser usar. Pode ser um templo, seu altar, uma banheira, a praia, um poço sagrado ou fonte recreativa. Se estiver trabalhando em um templo ou em seu altar, coloque água-benta em um recipiente sagrado que você tenha no altar. Trabalhar em fontes artificiais que se unem a uma série de canos pode ser problemático às vezes, embora elas tenham uma magia poderosa própria.

Tome um banho para se purificar antes dessa jornada. Relaxe, mas não adormeça. Leia essa visualização várias vezes para ter uma boa ideia do procedimento da meditação quando começar a conduzir-se por ela. Quando terminar, sempre, sempre, sempre refaça o mesmo caminho para retornar ao seu corpo. Essa meditação o levará para o reino das fadas; o que acontece lá e onde seu caminho o leva dependem de você. Lembre-se apenas de, na hora de retornar, refazer seus passos de volta ao ponto inicial e volte a olhar para o sol.

Em seguida, conecte-se com a água com que trabalha. Preste atenção apenas na sua respiração. Não pense em nada. Concentre-se. Quando se sentir relaxado e sua mente estiver limpa, comece a contar até nove, devagar e pausadamente, sincronizando com sua respiração. Quando chegar a nove, deixe sua mente vagar na escuridão. Procure por um pequeno facho de luz em algum lugar, tente encontrar essa luz e se concentre nela. A luz aumentará até brilhar tanto que você terá de se virar. Ao fazer isso, perceba que a luz brilhante é o sol. Enquanto se vira, você se vê em meio à grama, com uma floresta a passos de distância. Você está de pé em meio à grama alta, com margaridas parecidas com a lua, com grandes miolos amarelos e pétalas brancas ao seu redor, chegando até o sol. Ramos de dedaleiras em uma rosa vibrante o cercam. Abelhas voam zumbindo para dentro e fora de seus centros pintados; com as pernas cobertas de pólen, elas pousam nas flores e voam zumbindo ao seu redor.

Comece a caminhar, explorando o terreno onde está. Sinta a grama alta roçando nas suas pernas e ouça o trinado dos pássaros. A distância, você ouve o gorgolejar fraco de um riacho ou córrego. Enquanto caminha até ele, observe que é um riacho estreito que corre por grama e flores silvestres. Comece a subir o rio, seguindo a água enquanto ele serpenteia por flores e grama. A floresta que estava a distância se aproxima e você consegue ver as árvores que crescem em volta da água, que corre mais forte agora. Continue a seguir a água corrente até a floresta e, em volta de árvores, observe pedras e um ou dois animais selvagens. Depois do que parece algum tempo, você percebe que está no meio da floresta e ela ficou escura. As árvores erguem-se sobre você e são tão densas que cobrem o sol. Você se perdeu.

À frente, no meio da floresta, você vê luzes tremeluzindo em volta de uma bacia de pedra. Ao se aproximar, nota que há uma pequena fonte de água borbulhando dentro do círculo de luz tremeluzente com um poço embaixo. Você olha ao redor, examinando a área e vê pequenas figuras de argila, moedas e pedaços de tecidos amarrados em árvores. Você olha de volta para a água e percebe que ela ficou parada. Nela, vê o reflexo da lua. Mas sabe que, se olhar para o alto, verá apenas árvores.

Enquanto observa a água translúcida refletir a lua, de repente uma bela mulher começa a tomar forma sob a superfície. Seus olhos encontram os dela e, então, você vê um dedo magro e pálido sair da água. Depois uma mão e então o braço inteiro, vestido de um branco fantasmagórico com uma pele tão pálida que parece quase azul. A mulher sai da água da cintura para cima e lhe pede para se juntar a ela. Em seguida, ela pega sua mão e você entra, começa a afundar devagar no poço. Está escuro, mas a pele dela brilha com uma tênue cor azul-clara/branca. Você vê imagens passando e o céu acima de você.

Logo a água fica azul-clara e depois transparente como cristal, enquanto você emerge em uma bacia de pedra prateada cercada de plantas e flores que nunca viu antes – todas as espécies de criaturas e plantas, que parecem ter rostos, e árvores piscam gentilmente quando você as encara. A lua brilha alto no céu, iluminando a área mais do que faz em seu próprio domínio. Ao colocar seus braços na pedra, você vê inscrições intrincadas e singulares nunca antes vistas. Você sai da bacia em uma floresta encantada e no reino das fadas.

Olhe ao redor e conecte-se com esse reino. Quando se sentir pronto, volte pelo mesmo caminho que veio, passando primeiro pelo portal da bacia prateada, mergulhando fundo. Logo após, comece a subir na direção do outro lado do poço, na direção das árvores altas. Depois de subir à superfície, saia lentamente e refaça seus passos. Siga a água corrente para fora da floresta e de volta à campina com o sol brilhante. Olhe fixamente para as energias solares e volte a este mundo.

Cuidado! Nunca coma nenhum alimento que lhe seja oferecido! O reino das fadas pode ser traiçoeiro, e suas leis e costumes podem parecer estranhos. As fadas podem ser manipuladoras. É sempre melhor não tirar nada delas até ter estabelecido um relacionamento. Seria imprudente ignorar centenas de anos de folclore que nos alerta a não comer o alimento do povo das fadas, a menos que estejamos presos em seu reino. Agradecer-lhes também pode ser tabu, então tome cuidado com sua escolha de palavras. Assim como com todos os exercícios deste livro, você pode fazer modificações para se adaptar ao seu ambiente, às suas limitações e ao elo aquático com o qual trabalha.

Capítulo 4

Bruxas do Lago

Lagos, *lochs* (outra palavra para lagos), lagoas e reservatórios são corpos de água, que pode ser doce ou salgada, cercados por terra. Alguns são artificiais, outros naturais e alguns na verdade são fontes. Em certos casos, eles se originam no subsolo; em outros, são formados por água da chuva ou pela estiagem sazonal. O País de Gales, a Escócia e a Inglaterra são cheios de histórias de fantasmas, bruxas, magos e monstros que habitam esses calmos corpos de água. Para simplificar aqui, usarei a palavra "lago" referindo-me a qualquer um desses corpos de água e apenas um termo específico para cada tipo, quando for necessário diferenciá-los.

A água de lagos é calma e relaxante, e pode ser utilizada para vários objetivos. Por exemplo, a água das flores, que crescem ao lado de lagos, pode ser usada em magia de cura. Se visitar um lago em um dia tempestuoso ou nublado, você pode usar a água para realizar magia climática ou para curar suas tempestades internas. A água do lago pode ser utilizada para exorcizar encantamentos nocivos, doenças e espíritos. As possibilidades são infinitas. A coisa mais importante a se lembrar sobre água de lago, no entanto, é que ela pode ser usada na magia empática. O semelhante atrai o semelhante!

Os praticantes tradicionalmente davam três voltas em um lago antes de entrar nele para se banhar pela cura. Oferendas, em geral de pão ou tecido, eram deixadas na margem ou na água. O espírito ou o *genius loci* do lago era presenteado com moedas e outras coisas. Em Dumfriesshire, perto de Drumlanrig, curandeiros aproximavam-se de um *loch* chamado Dhu Loch, ou Black Loch, e jogavam uma peça de roupa sobre seu ombro esquerdo no lago, pegavam água dele com cuidado, sem deixá-la entrar em contato com o solo. Eles então viravam na direção do sol e voltavam para casa sem olhar para trás, pois isso quebraria a feitiço.

Lochs

Lochs são o lar de muitos espíritos aquáticos – sendo os mais famosos as Damas do Lago, donzelas aquáticas, cavalos e touros-d'água ou vacas mágicas. No passado, quase todo *loch* tinha um tipo de cavalo-d'água ou outro espírito que o assombrava, às vezes mais de um. Suas águas eram utilizadas para quebrar encantos e prender, além de também servirem de espelhos, e hoje são usadas na magia de reflexão. Elas são portais para o reino de Annwn e os jardins subterrâneos, e lar das Gwragedd Annwn, as esposas do Mundo Subterrâneo, que pertencem às fadas gaulesas chamadas Plant Annwn, bem como de muitas outras criaturas misteriosas, incluindo o famoso Nessie.

Os *lochs* mais famosos são encontrados no Reino Unido e muitos deles são envoltos nas brumas do mistério e do folclore, incluindo a lenda do Rei Artur. Estes são alguns com lendas associadas a eles:

- *Loch Bala:* Lar de duas diferentes lendas mágicas. Uma envolve o Rei Artur e um monstro aquático chamado Afanc, a outra inclui uma vaca branca mágica. Dizia-se também que era o lar de um grupo de Gwragedd Annwn, que você aprenderá em detalhes a seguir.
- *Loch Ranmoch:* Um corpo de água imerso em mistério. Dizem que as bruxas espreitavam lá para atormentar os ingleses quando eles tentaram invadir a Escócia. A montanha Schiehallion, uma montanha mágica caledônia, é o famoso lar de um cão maligno que aparece das sombras e segue aqueles que se aproximam das margens do lago. Mencionava-se também um cavalo branco que saía do lago e galopava pelo pântano.
- *Loch ma Nar*: Continha águas boas para cura. Segundo o folclore, se você entrasse em suas águas na primeira segunda--feira de agosto, elas, compropriedades curativas, poderiam ajudar a tratar doenças.
- *Dozmary Pool*: Dizem ser o lago onde *Sir* Bedivere devolveu a famosa espada Excalibur para a Dama do Lago. Quando o Rei Artur foi ferido mortalmente, Bedivere, encarregado de devolver a espada, lançou-a no lago. A mão de uma bela sereia saiu da água e a agarrou, devolvendo-a ao fundo das águas.

- *Loch Sianta:* Localizado no extremo norte de Skye, dizem ter propriedades curativas. Várias oferendas eram feitas lá. É, na verdade, uma fonte que parece um lago, por isso o nome Loch Sianta.
- *Loch Maree:* Localizado nas montanhas e tem uma ilha no meio. Nessa ilha existe um poço que se acredita ter propriedades curativas. Moedas eram deixadas como oferendas em uma árvore próxima e dizia-se que a água curava a loucura. Para conseguir a cura, primeiro se amarrava uma corda feita de crina de cavalo por baixo dos dois braços do doente. A pessoa então era amarrada a um barco e rebocada pela ilha várias vezes. Para completar a simpatia, o doente deveria ser mergulhado no poço e beber a água.

Cavalos-d'Água

O termo "cavalo-d'água" é usado para descrever seres que são metade cavalo, bode ou touro e metade criatura marinha. Eles representam uma grande variedade de criaturas místicas do Outro Mundo e do mundo das fadas, alguns dos quais são transmorfos capazes de se transformar em um belo jovem. Há muitos relatos de cavalos-d'água em todo o mundo. Às vezes, as pessoas pessoas referem-se a eles como *kelpies* ou touros-d'água, mas também recebem os nomes hipocampo, aughisky, nuggle, shoopiltee, nojgel, tangi, Cabbyl-Ushtey, Ceffyl dwr, Capall Uisge, Glashtin, Aonbarr, Each Uisge, Wihwin ou Nickur.

Os cavalos-d'água podem ser classificados em três categorias: claros, cinza e negros; úteis ou malignos; e totalmente perigosos. Alguns são conhecidos por ajudar os seres humanos e são bondosos –, por exemplo, o hipocampo, os touros-d'água (Tarbh Uisge), as vacas encantadas e o cavalo de Mannan Mac Lir, Annobar. Outros são completamente benignos, desde que você não tente cavalgá-los, e às vezes são bem malignos. Outros ainda – como *kelpies*, Aughisky, Cabyll-Ushtey e Tarroo-Ushtey – são incrivelmente perigosos e foram até conhecidos por comer seres humanos, cavalos e outros animais. Os *kelpies* foram descritos até como demônios aquáticos que causam mal, afogam os homens e afundam navios.

Eles foram vistos em vários lagos, incluindo Loch nan Dubhrachan em Skye, Loch Treig (famoso por ser lar de cavalos demoníacos),

North Esk Pool, em Agnus, Loch Slochd, Lochawe e Loch Rannoch. Segundo uma antiga crença escocesa, *kelpies* e cavalos-d'água poderiam ser mortos apenas com prata. Eles viajavam de um lago a outro, misturando-se com os cavalos em fazendas vizinhas. Pareciam um cavalo qualquer, mas eram perigosos se tocados. Aqueles tolos o bastante para tentar eram lançados no lago como a última vítima da criatura.

Em geral, os *kelpies* são descritos como potros, pretos ou brancos. Seus muitos nomes dependem da região em que vivem e das histórias populares contadas a respeito deles. Eles eram conhecidos por bater na água três vezes com seus rabos, o que soava como um trovão, para então desaparecer na água em um lampejo instantâneo de raio. Dizem também que eles, em alguns casos, tinham rédeas mágicas e lançavam encantos em suas vítimas olhando pelas frestas no freio da rédea. Bruxas ou mulheres sábias poderiam reverter esses encantamentos olhando de volta pela rédea. Era bem raro, mas boa sorte, possuir uma rédea de *kelpie*. Na Escócia, em um relato, uma igreja foi construída sobre um lago onde se dizia viver um deles. Os construtores cobriram a água com barras de ferro para prendê-lo. Isso refletia a crença de que esses seres pertenciam ao reino mágico, pois o ferro era usado em muitas lendas para proteger contra seres fantásticos, para expulsá-los ou aprisioná-los.

Cavalos-d'água figuram em lendas em todo o mundo. Aqui estão apenas algumas delas:

- *O Fazendeiro e o Cavalo-d'Água:* Um dia, um fazendeiro viu um cavalo estranho entre os cavalos da fazenda. Ele tentou afastá-lo, mas o cavalo ficou o inverno inteiro. Na primavera, ele reuniu seus cavalos, inclusive o estranho, e preparou-se para trabalhar nas plantações, colocando um cabresto em volta do pescoço do cavalo estranho para ter mais segurança. Por todo o verão, o cavalo trabalhou, liderando uma equipe de vários cavalos arreados um ao outro, com o fazendeiro na frente. Eles trabalharam o verão todo levando turfa para a frente do pântano. Um dia, na volta para casa, quando o cavalo estranho ficou indócil e indomável, o fazendeiro notou que seu cabresto tinha caído. O cavalo virou-se e correu na direção do lago a toda velocidade, com o restante dos cavalos, que ainda estavam arreados um ao outro, seguindo atrás. O fazendeiro pulou de sua montaria e conseguiu libertar alguns de seus cavalos antes que eles fossem direto para o lago com o cavalo-d'água. Na manhã seguinte, os fígados dos cavalos do fazendeiro apareceram na margem.

- *O Cavalo Falante em Cru-Loch:* Certa noite, um homem a caminho de sua casa topou com um pequeno lago acima de Ardachyle. Ao lado do lago, viu um cavalo selado e pronto para montar. Ao se aproximar, viu ervas aquáticas verdes presas em seus pés e tornozelos. Supondo que fosse um cavalo-d'água, desejou o melhor à criatura e seguiu seu caminho. Enquanto caminhava, um homem (o *kelpie* agora em forma humana) aproximou-se dele e disse-lhe que, se não tivesse sido amigável e lhe desejado o melhor, ele o teria levado para o fundo do lago. O *kelpie* também contou ao homem o dia em que ele morreria.

- *Macgregor e a Rédea do Kelpie:* Um homem chamado Macgregor, viajando de Inverness para Glenlivit, parou para descansar no Loch Slochd. Enquanto descansava, desejou ter um cavalo para conduzi-lo. De repente, um cavalo com uma rédea e uma sela apareceu diante dele. Ele montou no cavalo e, assim que fez isso, o cavalo galopou na direção do lago. Macgregor percebeu que poderia ter montado em um *kelpie*. Invocou a Santíssima Trindade e o cavalo o derrubou, segundos antes de mergulhar no lago. Quando Macgregor recobrou os sentidos, viu a rédea mágica do animal em suas mãos. Por muito anos depois disso, ele e seus descendentes praticaram magia branca com essa rédea.

- *O Cavalo-d'Água e a Mulher:* Uma pastora colocou seu gado para pastar em uma montanha não muito distante de um lago. Logo depois, um jovem se aproximou dela, deitou-se e colocou a cabeça em seu colo. Enquanto ele se esticava, ela viu que o rapaz tinha cascos no lugar dos pés. (Em outra versão dessa história, ela vê que o jovem tem algas e areia no cabelo.) Ela embalou suavemente seu sono e depois colocou a cabeça dele no chão. Porém, como sua cabeça ainda estava sobre suas roupas, ela cortou o vestido com cuidado, deixando um pedaço sob sua cabeça e fugiu. Quando o jovem acordou, ele deu um grito temível, mas a mulher já tinha fugido!

- *Cumba an Eachuisge – O Lamento do Kelpie:* Kelpies podem assumir a forma humana, como nesta história da Ilha de Skye. Um *kelpie* assumiu a forma humana e casou-se com uma garota chamada Morag. Eles viviam felizes e tiveram um filho. Um dia, Morag descobriu que seu marido não era humano, resolveu fugir, partindo o coração do *kelpie*. Alguns dizem que ainda conseguem ouvi-lo ninando seu filho na esperança de Morag voltar.

- *Nessie:* Muitos ouviram falar do famoso monstro que vive no Lago Ness, um corpo de água envolto em mistério e cercado por cemitérios. Várias bruxas lançam feitiços no lago, alguns para revelar Nessie, outros para protegê-la dos caçadores de monstros. Pode-se trabalhar com Nessie como um animal ancestral e, por causa de sua habilidade em fugir das câmeras e dos pescadores, o próprio lago pode ser usado na magia empática para se esconder, proteger e viajar para o fundo da água.

Damas do Lago e Donzelas d'Água

Lagos, *lochs*, lagoas e reservatórios são o lar de diversos espíritos aquáticos. Há várias lendas a respeito dessas criaturas nas regiões celtas e ao redor do mundo. As sereias são, sem dúvida, os espíritos aquáticos mais famosos hoje em dia, mas outras, como as donzelas d'água, na sua maioria sem cauda, e as Damas do Lago são tão poderosas e dinâmicas quanto outros espíritos. As sereias foram avistadas vivendo em lagos e *lochs*, bem como em lagoas e reservatórios. Na verdade, há muitas histórias de seres aquáticos habitando corpos de água doce de todos os tipos – alguns alimentados por fontes, outros não (veja capítulo 8).

Os seres aquáticos são descritos, em geral, com caudas, embora as Damas do Lago não tenham – com exceções notáveis, como Melusine (veja capítulo 3). Essas histórias – antigas e novas – são importantes para nossa compreensão da grande variedade de espíritos que vivem na água. Como verá nas histórias a seguir, muitas dessas criaturas são bondosas, outras são malignas. No caso das sereias e das Damas do Lago, esses espíritos são muitas vezes descritos como sedutores. Nas narrativas, pode-se ver que elas às vezes são bem interessadas em tesouro e plantas, e em coletar as almas dos homens.

Reservatório de Childs Ercall

Nesta lenda, um velho capitão do mar capturou uma sereia e a levou para viver no reservatório em Childs Ercall. Ele a tratava bem, mas quando ele morreu, a sereia ficou tão brava com a forma com que sua família o tratava que ela nadou para o fundo do reservatório e nunca mais voltou para a superfície. Dizem que ela guarda um tesouro que o capitão encontrou lá. Em certas noites de verão, alguns dizem que dá para ouvi-la cantar.

Em outra lenda, dois homens caminhavam para o trabalho em uma manhã quando passaram pelo Reservatório de Childs Ercall e viram uma sereia. A princípio ficaram com medo, mas ela falou com eles com uma voz doce e naquele instante ambos se apaixonaram por ela. A sereia contou-lhes a respeito de um tesouro que ela guardava no fundo do reservatório, e nadou para baixo para pegar uma parte e mostrar para eles. Ela subiu até a superfície com uma peça bem grande de ouro e disse-lhes que poderiam ter todo o tesouro se eles a seguissem dentro do reservatório. Então, os homens entraram na água até o peito. Quando um deles exclamou como eram sortudos, a sereia gritou e mergulhou, levando o ouro com ela.

A Bruxa da Ilha Lok

Esta história da Bretanha conta sobre um jovem conhecido como Houarn e sua amada, uma jovem donzela chamada Bella, que moravam na vila de Lannilis. Eles reclamavam de sua pobreza um para o outro diariamente, até que, um dia, Houarn ficou bem impaciente e disse a Bella que iria sair para o mundo buscar sua fortuna.

Bella levou Houarn até seu armário. Retirando um sininho, uma faca e uma vara de uma caixa, ela lhe disse que essas relíquias estavam em sua família há gerações e tinham propriedades mágicas.

O sino fazia um som espantoso que poderia ser ouvido a qualquer distância e avisar do perigo. A faca poderia quebrar encantos e ajudar uma pessoa a escapar do poder de uma bruxa. A vara, que mais parecia um cetro, poderia ajudar a localizar aqueles que estavam perdidos. Bella deu a Houarn o sino e a faca, mas guardou o cetro para que ela pudesse localizá-lo sempre que quisesse.

Houarn partiu na direção das montanhas. Em sua jornada, encontrou dois mercadores de sal que lhe disseram como encontrar a Bruxa da Ilha Lok em uma pequena ilha, em um lago da montanha, em um pico chamado Hart's Leap Rock. Ao chegar ao lago, ele encontrou as margens cobertas por plantas locais com belas flores. Ele olhou em volta e viu um barquinho no formato de um cisne adormecido flutuando nas águas calmas do lago, meio escondido em uma moita de flores de giesta. Quando Houarn pisou no barco, o cisne acordou e começou a nadar para longe da margem. Logo ele mergulhou na água e levou Houarn para baixo, para a casa da bruxa no fundo do lago. A bruxa vivia em um belo palácio feito de conchas, com uma escadaria de cristal que levava até a porta. Havia jardins ao redor onde algas marinhas, diamantes e flores se misturavam para criar um lindo caramanchão que era cercado por uma floresta de árvores.

Ele entrou no palácio e viu a bruxa deitada em uma cama dourada. Ela estava vestida com uma seda fina e suave, da cor de uma onda verde-água. Seu cabelo era preto, comprido até o chão e cheio de belos enfeites de coral. Ao vê-la, Houarn deu um passo para trás. Mas a mulher mágica o viu, levantou e caminhou em sua direção, flutuando como o mar. A bruxa perguntou-lhe quem ele era, de onde vinha e o que queria. Ele respondeu que seu nome era Houarn, que vinha de Lannilis e estava procurando dinheiro para comprar uma vaca e um porco.

Satisfeita com sua resposta, a bruxa o levou a uma sala com pérolas penduradas e cheia de tesouro. Ela lhe deu oito taças de ouro cheias com oito tipos diferentes de vinho, que ele bebeu e se deleitou. Ele se lembrou de Bella por um momento, mas o vinho começou a turvar sua memória.

A bruxa então convidou Houarn para jantar com ela e começou a preparar um banquete, ajoelhando-se e chamando peixes para sua rede. Um a um, os peixes pulavam na sua rede. Ela os colocou em uma frigideira dourada enquanto sussurrava baixinho. Houarn, que conseguia ouvir os sussurros, começou a colocar a cabeça no lugar de novo e sentiu uma onda de arrependimento por ter esquecido Bella. Então, ele ficou com medo.

A bruxa serviu os peixes em um prato dourado e Houarn tirou a faca que Bella tinha lhe dado. Assim que a faca tocou no prato dourado, os peixes transformaram-se em homenzinhos que gritaram para Houarr avisando que, se ele quisesse se salvar, teria de salvá-los. Eles lhe disseram que também tinham vindo para a Ilha Lok em busca de fortunas, mas foram enganados pela bruxa. Alertaram-no de que ele também se tornaria um peixe no lago da bruxa e, por fim, seria servido como jantar para o recém-chegado.

Houarn deu um pulo e correu para a porta, na esperança de escapar da bruxa. Mas ela tinha ouvido tudo. Antes que ele conseguisse alcançar a porta, ela jogou uma rede de aço sobre Houarn, que se transformou em um sapo. A bruxa então o jogou no lago com os outros homens encantados. Quando ela fez isso, o sino em volta do pescoço dele tocou, alertando Bella de que ele estava em perigo. Em Lannilis, Bella vestiu-se rápido e colocou seu crucifixo prateado. Pegando o cetro mágico, ela partiu para encontrar Houarn.

O cetro transformou-se em um cavalo castanho, com sela e rédeas. Bella montou o cavalo e eles partiram, viajando tão rápido que a paisagem tornou-se um borrão. Logo eles chegaram ao pé da montanha, mas ela era alta e rochosa demais para o cavalo subir. Então, depois de Bella entoar um breve encantamento, asas cresceram no cavalo e ele a levou ao topo. Lá, ela encontrou um ninho feito de argila e musgo seco, onde havia um pequeno duende que gritou animado quando viu Bella. Surpresa, perguntou-lhe quem ele era. Ele respondeu que era Jennick, marido da bruxa, que o tinha encantado. Ele a alertou que Houarn também caíra no feitiço da bruxa e explicou-lhe como encontrar a ilha. Lá, ela deveria disfarçar-se como um homem jovem e, de alguma forma, conseguir tirar a rede de aço do cinto da bruxa e prendê-la nela.

Bella montou de novo no cavalo transformado em pássaro e voou para a Ilha Lok. Uma vez lá, o pássaro transformou-se de novo em seu cetro e ela se disfarçou, como instruído. Ela então entrou no barco cisne e foi levada ao palácio da bruxa, que ficou contente quando a viu, achando que outro belo jovem teria caído em sua armadilha. Enquanto a bruxa mostrava a Bella os jardins do palácio, ela se deparou com a faca mágica de Houarn e a escondeu. Seguindo seu plano usual, a bruxa perguntou a Bella se ela ficaria para jantar. Bella, ciente de seus encantamentos, aceitou o convite e se ofereceu para pegar os peixes para jantar usando a rede da bruxa. A bruxa entregou-lhe a rede, que Bela jogou sobre ela dizendo: "Que te tornes o que és no coração". Imediatamente, a bruxa transformou-se na Rainha dos Cogumelos.

Bella quebrou os encantamentos de todos os peixes no lago com sua faca mágica. Enquanto fazia isso, ela notou um grande sapo verde com um sininho no pescoço. Reconhecendo Houarn, Bella tocou o sapo com a faca mágica e ele se transformou de volta em homem.

Quando Bella terminou de remover os encantos, o duende chegou e levou os amantes ao baú do tesouro da bruxa, dizendo para eles pegarem o que quiserem. Bella ordenou que o cetro se tornasse uma carruagem para levar o tesouro, bem como todos que libertou. Juntos, eles voltaram para Lannilis, onde compraram toda a terra na paróquia e se estabeleceram com os homens que resgataram da Ilha Lok.

Cerridwen

Considerada ao mesmo tempo uma Dama do Lago e uma bruxa, Cerridwen é mencionada pela primeira vez em *The Black Book of Carmarthen*, porém é mais conhecida pelo papel que desempenha na história de seu caldeirão de transformação. Cerridwen, que muitos consideram uma deusa, era mencionada em *Ystoria Gwion Bach* como uma bruxa que vivia ao lado de Llyn Tegin em Penllyn com seus dois filhos – uma bela menina chamada Creirwy e um filho feio chamado Afagddu. Depois de resolver preparar uma poção em seu caldeirão para obter três gotas de Awen (inspiração divina) para seu filho, ela contratou um menino chamado Gwion Bach para cuidar do caldeirão por um ano e um dia. Certo dia, enquanto ele mexia no caldeirão, o menino espirrou três gotas da poção no seu polegar. Como estava muito quente, ele imediatamente colocou o polegar na boca para chupar as gotas e assim ficou esclarecido.

Ciente de que apenas três gotas da poção poderiam ser usadas para trazer esclarecimento, enquanto o resto virava veneno, ela ficou furiosa com o menino. No entanto, ele a viu chegar e se transformou em uma lebre para escapar dela. Por sua vez, Cerridwen transformou-se em um galgo e perseguiu o menino até o rio. Ele mergulhou e virou um salmão, ela o seguiu e ele se transformou em lontra. Cerridwen perseguiu o menino na água até ele virar um pássaro e voar para o céu, onde ela continuou a perseguição como um falcão, não lhe dando descanso.

Temendo a morte, o menino viu uma pilha de trigo peneirado no chão de um celeiro. Ele se transformou em um grão de trigo e caiu na pilha. Cerridwen, ainda brava, transformou-se em uma galinha preta de crista alta e começou a comer o trigo até engolir o menino. Ela o gestou por nove meses até que o pariu no mar em uma bolsa de couro um dia antes de Beltane. Em outra versão da história, isso acontece no Samhain. No dia seguinte, um jovem chamado Elphin encontra a bolsa e a abre. Vendo a cabeça de um menino, ele exclama: "Vejam, uma Sobrancelha Radiante," e assim nasceu Taliesin, o bardo galês.

Gwragedd Annwn

As Gwragedd Annwn (literalmente, "as esposas do Submundo") são fadas e donzelas do lago que vivem nos reinos subaquáticos. Elas são altas e magras, com um longo cabelo dourado. Muitas delas se casaram com mortais, como na história da Dama de Llyn y Fan Fach mencionada a seguir.

Na mitologia galesa, Annwn – bem como Annwyn, Annwfn, e outras variações – é um nome para o Submundo ou o que alguns poderiam chamar de Inferno. Chamo essa região de Outro Mundo. É importante observar, no entanto, que os celtas não acreditavam em um "inferno" no nosso sentido ocidental. Em vez disso, eles acreditavam que os espíritos dos mortos iam para um lindo lugar chamado Summerland (terra do verão). Gwyn ap Nudd, o rei desse reino, é visto liderando a Caçada Selvagem com seus Cwn Annwn (Cães Infernais), grandes cães de caça brancos com orelhas com a ponta vermelha. Os seres que habitam Summerland são chamados Plant Annwn. As Gwragedd Annwn pertencem a esse grupo e são encontradas vivendo nos fundos de lagos em grandes castelos, onde elas cuidam de lindos jardins.

As Gwragedd Annwn são descritas como mulheres altas vestidas de azul, verde ou branco, dependendo da história. Às vezes elas são vistas no anoitecer com Cwn Annwn, também são vistas muitas vezes com vacas brancas como o leite (em outras versões, vacas malhadas) que produzem grandes quantidades de leite, segundo dizem. Há uma história de um fazendeiro que adquiriu uma dessas vacas mágicas, que lhe trouxe grande fortuna. Muitos anos depois, ele decidiu que a vaca estava velha e que deveria ser levada ao mercado. Quando o açougueiro tentou abater o animal, no entanto, a vaca encantada deu um grito alto e estridente e nocauteou nove homens. Então, ela ouviu uma voz e, quando olhou para cima, viu Gwragedd Annwn de pé em um despenhadeiro acima do lago. Ela pediu para a vaca voltar para casa no lago, levando todos os seus bezerros até a quarta geração. Apenas uma vaca ficou, que passou de branca a preta. Assim nasceu a vaca galesa. O fazendeiro ficou consternado e se afogou no lago.

Seu reino pode ser acessado pelos humanos apenas por meio de uma abertura em um rochedo perto dos lagos onde vivem. Esses espíritos também podem viver em rios, mas preferem os lagos solitários nos cumes das montanhas. Lendas contam sobre grandes torres vistas embaixo desses lagos e de sinos de fadas que soam nas torres. Dizia-se que, no dia do Ano-Novo, os portões para esse reino se abriam, revelando um buraco enorme na lateral de uma parede de pedra ou caverna. Aqueles que entravam se viam em uma ilha em um lago com lindos jardins e árvores. Eles eram alertados a não levar nada desse reino para o mundo humano. Em um dia fatídico, no entanto, um homem resolveu levar uma única flor para sorte. Desde esse dia, os portões nunca mais se abriram.

As Gwragedd Annwn são associadas ao Llyn Barfog, o Lago Crymlyn e Llyn y Fan Fach. Elas também são relacionadas a vacas encantadas, ou touros aquáticos, um tipo de vaca bondosa e gentil que vive no lago com as Damas.

A Dama de Llyn y Fan Fach

Esta história vem de Myddvai, em Gales do Sul. Foi encontrada pela primeira vez no *Red Book of Hergest* e depois no *Mabanogi*. Há muitas versões dessa lenda, embora Llyn y Fan Fach seja o lago mais famoso associado a ela. Llyn y Forwyn e Llyn Nelferch (o Reservatório das Donzelas na paróquia de Ystrad Tyfodw) às vezes são associados também à história, e os locais nessas áreas ocasionalmente se referem a um espírito como Nelferch. Alguns dizem que Nelferch é uma variação de Alfach ou Elfarch. Na maioria das versões, dizem que a dama da lenda aparece por volta do dia 1º de agosto (a Primeira Colheita, Lammas, Lugnasadah).

    Um dia, um jovem observava suas vacas pastarem nas montanhas ao lado de um lago. Uma bela mulher apareceu vinda do lago e ele se apaixonou no mesmo instante. Ele dividiu um pouco de seu pão com ela, mas ela lhe disse que o pão estava muito duro e desapareceu sob as águas. No dia seguinte, o jovem levou a massa de pão crua mole com ele. A dama reapareceu e ele lhe ofereceu o pão. Dessa vez, ela disse que estava mole demais e mergulhou de novo. No outro dia, o garoto levou o pão que fora deixado flutuando em água. (Em outra versão, ele assou para ela um pão perfeito, nem duro nem mole demais.) Quando a dama apareceu, o rapaz lhe ofereceu o pão e ela ficou muito satisfeita com ele. Ela concordou em se casar com o jovem sob uma condição – de que ele nunca pusesse as mãos nela com raiva mais do que três vezes. Então, ela lhe pediu que voltasse no dia seguinte.

    Quando o garoto voltou no dia seguinte, um homem coberto de plantas aquáticas subiu à superfície e lhe disse que ele poderia casar com sua filha se pudesse diferenciá-la de sua irmã gêmea idêntica. O jovem pensou por muito tempo, até que uma das damas puxou seu pé, ele viu o gesto e escolheu corretamente. Os dois se casaram e a noiva levou consigo um grande dote de vacas. Eles viveram felizes e tiveram três filhos.

    Um dia, ao voltar para a cidade, a esposa reclamou que era longe demais para andar. Seu marido lhe disse para pegar os cavalos e ela falou que pegaria, desde que ele lhe trouxesse suas luvas. Quando ele voltou e descobriu que ela ainda não tinha preparado os cavalos, o marido deu um tapa em seu ombro com as luvas e disse: "Vai, vai!". Ela disse: "Esta é a primeira vez que você me bateu!". Algum tempo depois, eles foram a um casamento e a esposa de repente começou a chorar. Seu marido a estapeou no ombro e a repreendeu por chorar. Ela respondeu: "Vejo que isso terminará em coração partido. Esta é a segunda vez que me bateu!". O marido tomou muito cuidado desse momento em diante de não bater em sua esposa de nenhuma forma.

Até que, um dia, quando eles foram a um funeral, a esposa começou a rir. Seu marido esqueceu e a estapeou rudemente, perguntando-lhe por que ria. Ela respondeu: "Alegro-me que o falecido agora está feliz e não sofre mais. Mas essa é a terceira e última vez que me bate". Com isso, ela chamou todos os animais que levara consigo como dote e todos mergulharam nas águas do lago, incluindo uma vaca recém-abatida que saiu de seu gancho e se juntou às demais. Dizem que a esposa saiu do lago várias vezes para visitar seus três filhos e que lhes deu o dom da cura e o conhecimento das ervas. Um dia, eles se tornaram os famosos médicos chamados Meddygon of Myddfai, cuja linhagem pode ser traçada até o meio do século XVIII.

A Dama do Lago

A história mais famosa sobre uma Dama do Lago vem das antigas lendas arturianas. Há muitas versões diferentes dessa lenda e muita controvérsia a respeito de sua veracidade. A Dama do Lago nessas lendas também é chamada de Nimue, Argante Viviane, Elaine, Ninianne, Nineveh, Evienne ou Nivian. Embora as histórias variem, muitos acreditam que a expressão "Dama do Lago" era um título, não um nome, e que a Fada Morgana poderia ter tido esse título. Pode ser até que "Morgana" fosse um título.

O nome Morgana significa "nascida no mar", em uma alusão ao seu nascimento nas águas. Isso nos leva à possibilidade de que ela, na verdade, fosse um espírito do reino das fadas. De fato, muitos acreditam que ela seja um dos espíritos aquáticos galeses e bretões chamados Mari-Morgans, que, assim como as Gwragedd Annwn, viviam em castelos e vilas no fundo de lagos. Encontradas, em geral, em grupos de nove, essas lindas mulheres eram vistas muitas vezes penteando seu cabelo e seduzindo marinheiros a uma morte aquática.

De acordo com a literatura medieval, Morgana foi instruída nos métodos da magia por Merlin, um mago e homem selvagem. Em uma história, depois de ela aprender magia com ele, Morgana prende Merlin embaixo de uma raiz (ou uma pedra, em uma caverna, ou no tronco de uma árvore, dependendo da narrativa) e mais tarde leva Artur, ferido mortalmente, para Avalon. A espada Excalibur foi adicionada à narrativa apenas depois do século XI, quando Lancelot apareceu nas lendas. Nessas últimas versões, ela encanta a espada e a concede ao Rei Artur. Na lenda registrada por *Sir* Thomas Mallory, ela é chamada Nimue e retratada como uma das três mulheres vestidas de preto que transportaram o corpo de Artur para Avalon em uma barca navegada por Barinthus, a versão avaloniana de Caronte, o barqueiro que navega pelo rio Estige.

A própria Avalon está ligada às lendas arturianas. O monte de São Miguel, que dizem ser o local de nascimento de Artur, fica próximo à costa ao lado do Castelo Tintagel, onde os supostos túmulos de Artur e Guinever foram encontrados em Glastonbury. Lundy, presente no *Mabignogi*, também é associado ao rei e seus cavaleiros. Não é de surpreender, portanto, que possamos traçar as origens da Dama do Lago, um dos personagens femininos mais importantes no folclore arturiano, nesse local.

O que muitos não entendem, porém, é como Morgana é importante e que seu papel é muito mais profundo do que o retratado nas lendas arturianas modernas produzidas por Hollywood. Ela é, na realidade, uma das irmãs de Avalon – uma semideusa e fada aquática e também possivelmente uma Gwragged Annwn. Alguns até a identificam como uma das nove irmãs que aparecem em muitas lendas como curandeiras ou sacerdotisas, que conseguem manipular os elementos e controlar os acontecimentos com seus poderes de bruxaria. Outro grupo de nove mulheres, conhecidas como as Korrigan, eram lindas criaturas feéricas com olhos vermelhos que se transformavam em bruxas todas as manhãs. Essas irmãs eram descritas como feiticeiras e transmorfas, e como sereias que seduziam os homens para seus túmulos aquáticos. Geoffrey de Monmouth, em *The Vita Merlini*, alega que a Fada Morgana é a principal dessas irmãs. Outros textos a retratam como uma sacerdotisa de Avalon, como uma curandeira e como uma prima, irmã ou inimiga do Rei Artur. Embora muitos desses textos a demonizem, Morgana é, na realidade, antes de tudo, uma fada, uma semideusa e uma curandeira. Ela era uma grande necromante, que tinha o poder de romper o véu entre os mundos, e alguns dizem que regia o Submundo.

Cailleach e outros Espíritos Aquáticos

A cailleach é uma mulher gigantesca associada ao inverno que, segundo dizem, forma o Loch Awe ou pelo menos é associada a ele. Também é relacionada a Loch Eck. Ela perambula pela terra com suas cabras. A cada manhã, destampa os poços e deixa as águas correrem, a cada noite ela os tampa de novo para que a água não inunde a terra. Em uma história, a gigante adormece ao lado de um poço e não o tampa, fazendo todos na vila vizinha se afogarem. Reza a lenda que foi assim que se formou o Loch Awe. Outra história a mostra formando o Loch Ness em um acesso de raiva. Em uma versão diferente dessa história, a cailleach contrata uma jovem donzela chamada Nessa para destampar um dos dois poços em Inverness e tampá-lo de novo à noite. Um dia, Nessa chega atrasada para tampar o poço e encontra suas águas correndo em sua direção. Ela sai correndo com medo. Vendo isso de Bem Nevis, a cailleach amaldiçoa Nessa a correr eternamente, criando assim o rio e o lago Ness. Uma vez por ano, Nessa emerge do lago e canta seu belo lamento.

Diversa cailleach são encontradas em várias tradições e lendas. Aqui vão algumas para lhe dar um gostinho de como elas se adaptam ao folclore de diferentes regiões.

- *Cailleach Bheur* é associada ao redemoinho Crryvreckan, na Ilha de Jura. O nome desse redemoinho significa "caldeirão de mantas", porque acreditavam que a cailleach lavava suas mantas nas águas. Quando a roupa tivesse sido lavada até ficar branca, o inverno chegava à terra. Marinheiros também usavam esse redemoinho para previsão do tempo. Em outras áreas da Escócia, esse espírito era associado a tempestades, marés e naufrágios.

- *Cailleach Uisg* significa cailleach d'água, que a associa a Nicnevin e às ninfas aquáticas. Ela também está conectada ao inverno e costuma ser considerada a anciã do inverno, quando a água congelada na forma de neve e gelo cobre a terra com uma suave manta branca.

- *A Garça de Loch a-na-cailleach* é o nome de uma cailleach que vivia nos bosques perto de um loch. Diziam que sua presença espalhava doença entre as pessoas e os animais do lugar. A única pessoa imune à sua influência era o sacerdote local, cujas orações impediam sua magia, perturbando-a bastante. O povo local finalmente lhe implorou para afastá-la, e ele assim o fez, usando água-benta. Infelizmente, ela apenas montou sua residência nas pedras locais perto do lago, onde os aldeões a viram na luz do luar voando na forma de uma garça. Eles tentaram ao máximo atirar nela, mas nunca conseguiram. Um dia, um sargento das montanhas aposentado caçou-a a noite toda, apenas para vê-la surgir da névoa pela manhã. Ele foi atrás dela com uma arma carregada com botões de prata e uma moeda dobrada. Ele foi descoberto mais tarde naquele dia inconsciente, esgotado e com a arma estourada. Mas ao seu lado jazia uma grande garça azul – morta. O fantasma da cailleach supostamente ainda assombra o lago.

- *Gwrach y Rhibyn* é uma bruxa da bruma, um espírito que vive na neblina úmida, aparecendo no formato de uma velha horrenda ou enrugada. Como a banshee, seu grito é um prenúncio de infortúnio ou morte.

Capítulo 5

Bruxas do Pântano

Pântanos, atoleiros, brejos e zonas úmidas são todos tipos de um terreno baixo não cultivado, onde a água tende a se acumular e é dominado por árvores. As zonas úmidas são áreas de terra baixa onde crescem plantas, árvores e capim. Os pântanos muitas vezes sustentam apenas o crescimento de junco e capim alto, ao passo que brejos são pobres em nutrientes e sustentam principalmente turfa. A água nessas áreas costuma ter somente alguns centímetros de profundidade e em algumas estações, ou durante a seca, seca totalmente. Pântanos, em geral, são dominados por plantas herbáceas em vez de árvores, assim como são os brejos e as salinas. De todos os corpos d'água cobertos nesses capítulos, nenhum é mais sombrio, misterioso e repleto de perigo do que esses locais rasos.

As bruxas que trabalham nesse ambiente encontram valor no uso medicinal de restos de pele de cobra, ossos e ovos, bem como em todos os tipos de dentes, aranhas e penas. A água com a qual elas se conectam e da qual tiram seus poderes é de um verde-escuro e sombrio, e cheia de serpentes à espreita e criaturas venenosas. Para simplificar, eu me referirei às bruxas que habitam todos esses tipos de terreno como bruxas do pântano. Embora o folclore documentado sobre pântanos e suas bruxas seja limitado, a imagem arquetípica dessas bruxas vêm facilmente à mente quando pensamos nelas e lemos suas histórias.

Pântanos e brejos sempre foram considerados locais de maldições, magia negra, fantasmas, monstros e até sacrifício. Porém, esse é apenas um lado da história. Há um lado mais leve nesses locais aquáticos que muitas vezes é ignorado. Pântanos são escuros e cheios de morte, mas também são lugares repletos de luz e vida. Eles contêm a energia de *yin* e *yang*, da luz e da sombra, da morte e do renascimento. São uma parte importante do nosso ecossistema, por ser lar de centenas de animais, aves, répteis e plantas, e são locais calmos e pacíficos onde a cura pode acontecer. A magia desses lugares nos lembra de que precisamos molhar nossas mãos e enfiar nossos pés na terra para acessar os espíritos que vivem lá.

Esses lugares também sempre foram considerados mágicos. Eles eram vistos como locais sagrados por nossos ancestrais celtas. Em 1950, arqueólogos descobriram o homem de Tollund, o corpo naturalmente mumificado de um homem que viveu na Escandinávia durante o século IV a.C. Depois de um exame, esse "corpo do pântano" forneceu uma evidência surpreendente da realização de sacrifícios nos brejos vizinhos – talvez de reis ou figuras reais. Também foram encontradas evidências do sacrifício de gado nesses locais. Até hoje, mais de 1.800 corpos foram encontrados, embora muitos tenham sido perdidos na Segunda Guerra Mundial, outros se despedaçaram ou não foram adequadamente conservados.

A bruxaria trata de dualidade e equilíbrio, aceitar o escuro é tão importante quanto buscar a luz. Entretanto, todas as bruxas do pântano que conheci ou sobre quem li rogarão uma praga em você na mesma hora, se sentirem vontade. Elas realmente são as bruxas da magia sombria. Considerando a energia pesada de morte que paira sobre brejos e pântanos, não é de surpreender que as bruxas sombrias que trabalham lá empreguem ossos, carcaças de animais e venenos em sua prática. Na verdade, as ferramentas usadas por elas variam muito daquelas utilizadas por bruxas de mar, lagos ou poços. Uma bruxa do pântano praticante usa ferramentas como ossos, teias de aranhas, sapos, dentes ou garras, capim e bambu do pântano, e talvez até pele ou restos de chifres de cervos albinos. Essas bruxas usam cestas, facas, jarros e luvas – você provavelmente não as verá criando feitiços com cristais ou ervas compradas no mercado.

Dentre os animais aliados dessas bruxas estão cobras, sapos, rãs e aranhas. Serpentes de todos os tipos – venenosas ou não – também são grandes aliadas, além de pequenos roedores e aves de todas as espécies. As aranhas têm uma estreita ligação com bruxas do pântano, por serem tanto destruidoras como criadoras. Os outros aliados são lontras, castores, garças, coelhos, borboletas, camarão ou lagostim, libélulas, rato-almiscarado, patos, morcegos e um pássaro chamado guarda-rios. Quando trabalhar em brejos e pântanos, no entanto, sempre tome cuidado e não se coloque em perigo aproximando-se da vida selvagem encontrada lá.

Existem muitas lendas a respeito de bruxas que trabalham em pântanos e turfeiras. Aqui estão apenas algumas para lhe dar uma ideia do poder da magia do pântano:

- *Yr Hen Wrach (A Bruxa Velha):* A leste de Aberystwyth vivia uma velha Gwrach y Rhibyn, ou bruxa do pântano, que tinha o hábito de seduzir os homens até a morte em brejos e pântanos vizinhos. O povo do local contava como, nas noites de outono, ela caminhava pela vila abrindo portas e respirando nas pessoas que moravam lá, dando-lhes uma febre feia. Os moradores não entendiam por que ela ficava tão irritada com eles, mas enfim chegaram à conclusão de que a bruxa estava brava porque eles cortavam a turfa perto demais da casa dela. Eles moveram seus esforços para o outro lado do brejo e o problema parou depois disso. Mais tarde, os aldeões disseram ter visto a bruxa no escuro e, em horas liminares, flutuando alguns metros acima do chão com sua capa tremulando atrás de si.

- *A Feia Lagarta de Spindleston Heugh*: Um rei e uma rainha viviam no Castelo Bamburgh com seus dois filhos, Margaret e Childe Wind. Um dia, a rainha faleceu e o rei queria se casar de novo. Enquanto caçava no bosque, conheceu uma mulher e, sem saber que ela era uma rainha bruxa, casou-se com ela. Quando fez isso, sua filha foi encantada e transformada em uma lagarta. O rei consultou um mago, que lhe disse que o irmão de Margaret deveria beijá-la três vezes para ela recobrar sua forma virginal. O rei, encontrando a rainha bruxa perto de um poço ao lado do pasto, jogou nela três gotas de água do poço, transformando-a em uma rã enrugada. Em uma versão alternativa, a rainha bruxa é tocada com uma varinha de sorveira.

- *Tia Alsey*: Tia Alsey era uma mulher idosa que diziam ter um sapo como animal espiritual. Um dia, ela discutia com a esposa grávida de um lojista por causa do aluguel que o casal devia. Tia Alsey foi embora da loja furiosa. Logo depois, um sapo caiu do teto na mulher grávida, que gritou alto. O marido veio correndo e jogou o sapo no fogo. Eles chamaram o médico e começaram a se preparar para um parto prematuro, pois o sapo perturbou muito a esposa. O lojista então descobriu que o sapo tentara escapar do fogo e estava bem queimado, mas não morto. Ele o pegou com uma pinça e o jogou de volta no fogo. Em seguida, eles souberam que a tia Alsey também caíra em uma fogueira e agora estava morta.

- *Sapo na Estrada*: Uma velha lenda da Cornuália conta a história da esposa de um fazendeiro que discutiu com uma velha com quem ela cruzou na estrada, que tinha a reputação de ser uma bruxa. No fim, a mulher montou em seu cavalo e partiu. Um tempo depois, no entanto, o cavalo teve de parar, porque a estrada estava coberta de sapos. Quanto mais a mulher tentava avançar, mais sapos apareciam. Logo depois, uma carruagem se aproximou. Quando a mulher pediu ajuda para passar pelos sapos, os passageiros da carruagem disseram que eles a acompanhavam há alguma distância e não viram nem sinal de nenhum sapo.

- *O harpista de Yspytty Ifan*: Era uma vez um jovem harpista que se aventurou um dia a ir para Yspytty Ifan, onde tinha de tocar sua harpa em um casamento. No caminho, caiu na lama movediça. Ele lutou e lutou, até a lama o engolir. Em um último esforço para escapar, jogou a cabeça para trás e emitiu um grito selvagem. Não muito tempo depois, um bando de homenzinhos apareceu e jogou-lhe uma corda. Eles o puxaram e o levaram a uma casa onde recebeu lindas roupas. Lá, ele dançou a noite toda com uma bela mulherzinha, divertindo-se até a festa acabar. Quando acordou, encontrou um cachorro lambendo seu rosto. Ele estava deitado contra um muro, com suas roupas e harpa cobertas de lama movediça.

Criaturas do Pântano

Existem várias lendas de bruxaria, simpatias e feitiços associados a criaturas que moram em brejos e pântanos, nas terras celtas e por toda a Europa. Uma tradição da Cornuália sugere amarrar um cordão no pescoço de um sapo vivo e pendurá-lo até o corpo cair, então amarrar o mesmo cordão no seu pescoço até seu 15º aniversário para proteger contra amigdalite. Outra afirma que ossos retirados do lado esquerdo de uma rã verde que foi comida por formigas provocarão ódio, já aqueles retirados do lado direito despertarão o amor. Obtinham-se os ossos de rã colocando-a em um recipiente com buracos em um formigueiro. As formigas então tiravam a carne e deixavam apenas os ossos. Alguns acreditavam que os ossos adquiridos dessa forma traziam azar a quem os recebesse.

Uma simpatia usada para sorte e prosperidade recomendava colocar os ossos de uma rã de árvore em uma bolsinha com dentes que tenham ficado vários dias enterrados; depois esfregue a bolsa sobre um item para encantá-lo. Isso era útil principalmente para itens que as pessoas queriam vender, pois isso atraía muitos clientes. Na França, para conhecer os segredos de uma mulher, bastava colocar um sapo no seu seio esquerdo.

Rãs e sapos ajudavam na fertilidade, e as mulheres que quisessem engravidar deixavam muitas efígies ou rãs secas como oferendas votivas em igrejas. Essa prática era comum, principalmente no leste europeu. Eles também eram usados para magia climática, chamar chuva, transformação, evolução, adquirir poder criativo, maldição, poder sobre os outros e bruxaria. Como criaturas anfíbias que viajaram entre os mundos da terra e da água, rãs e sapos também eram utilizados muitas vezes como espíritos familiares, guardiões e em simpatias de nascimentos, e eram associados a renascimento, transformação e mudança de forma por causa da metamorfose envolvida em seu próprio ciclo de vida.

Em outra prática comum, pílulas ou cápsulas eram feitas com ossos de rãs moídos e dados a uma pessoa para ela se apaixonar. Em Lincolnshire, mulheres seduziam noivos relutantes participando da comunhão, mas sem engolir a hóstia. Em vez disso, elas a guardavam e, quando saíam da igreja, a cuspiam na frente de um sapo. Se o sapo a comesse, o homem em questão concordaria em se casar com a realizadora do feitiço na próxima vez que a visse. Se não comesse, não era para acontecer a união. Práticas semelhantes eram usadas para determinar se alguém deveria se tornar uma bruxa.

Katherine Thompson e Anne Nevelson foram mulheres inteligentes da Nortúmbria que foram condenadas em 1604 por colocar o bico de um pato branco na boca de alguém que tentavam curar. Elas também foram acusadas de murmurar feitiços e trabalhar com rãs e aranhas, e encorajar as pessoas a comê-las ou colocá-las nas partes do corpo que precisassem de cura. Em Devonshire, destruía-se o poder de uma bruxa empalando ou cravando espinhos em três corações de sapos. Então, eles eram colocados em três potes de gargalo estreito com um fígado de rã suspenso por alfinetes. Cada um dos potes era levado a um adro diferente e enterrado exatamente 17 centímetros no subsolo e a exatos 2 metros da entrada da igreja, enquanto a Oração do Senhor era recitada de trás para a frente. Esse ritual protegeria dos feitiços das bruxas pelo resto da vida. No fim do século XVIII, há o relato de uma mulher carregando uma rã seca em sua bolsa para proteger-se da varíola. Em Herefordshire, uma cigana recomendou que um homem com um abscesso no braço pegasse um sapo vivo, cortasse a perna do animal e, então, o soltasse. Ele usou a perna em um saquinho de seda em volta do pescoço por três semanas e foi curado, segundo dizem.

Simpatias como essas são encontradas em todas as Ilhas Britânicas. Em Yorkshire, uma simpatia usava nove sapos para ganhar o poder do mau-olhado. Os sapos eram amarrados todos juntos como uma guirlanda que era enterrada, dando ao realizador da simpatia o poder de infligir o mal. Com a decomposição dos sapos, a vítima teria mais doença ou sofrimento. Na Ânglia oriental, bruxas coletavam a saliva de um sapo e a misturavam à seiva de cardo amarelo para criar um feitiço de invisibilidade. Elas aplicavam esse unguento em seus corpos no formato de uma cruz. Outro feitiço dizia que carregar um coração de rã sob o braço direito dava os mesmos resultados. Em Hertfordshire, um ladrão que usasse um coração de sapo no pescoço não seria descoberto. E em Staffordshire, dava azar jogar cabelo de um pente ou de uma escova pela janela, senão um sapo o usaria, o que lhe daria uma dor de dente ou de cabeça persistentes.

Juncos também eram usados na magia do pântano para espreitar inimigos e amaldiçoar, e dava azar levá-los para casa. A água de cepos de árvores teria propriedades curativas, e era usada para remover verrugas e em simpatias para ter sorte. Um pé de coelho mergulhado nessa água três vezes era considerado um amuleto de sorte. A mesma água, carregada em um frasco, dava ao usuário grande poder. Como a água encontrada em cepos é "silenciosa" ou parada, teria a habilidade de se comunicar com espíritos ancestrais, principalmente se a árvore da qual foi coletada tivesse propriedades ancestrais ou necromantes, pois a água retinha o poder da árvore onde foi encontrada. Em alguns lugares, a água de cepo é considerada benta e usada em rituais. Na Europa, a água pode ter uma ligação com o reino das fadas, principalmente se for encontrada em uma árvore oca, em vez de um cepo. Da mesma forma, a água represada em uma bacia formada por raízes emaranhadas tinha propriedades curativas e era utilizada em simpatias para o crescimento de cabelo.

No País de Gales, as pessoas queimavam peles de cobra e preservavam as cinzas para usar em várias simpatias. Misturar a cinza com uma pomada ajudava a curar ferimentos. Colocar a cinza entre suas escápulas o tornava invulnerável. Misturá-la em água e lavar seu rosto com ela espantava todos os seus inimigos. Atirar a cinza em suas casas fazia os vizinhos saírem, ao passo que colocá-la sob seus pés fazia todo mundo concordar com você. Colocar as cinzas debaixo da sua língua o ajudava a vencer uma luta e pôr uma pitada na sua testa antes de dormir estimulava sonhos proféticos. Jogar as cinzas na roupa de alguém fazia a pessoa falar apenas a verdade. Colocar as cinzas entre suas mãos e lavá-las, mantendo um pouco das cinzas entre elas, fazia todo mundo amar você.

Rãs e Sapos

A associação das rãs e dos sapos à bruxaria remonta aos tempos romanos, possivelmente até antes. Já vimos o modo como eles eram usados em ritos e rituais em várias culturas voltando com os séculos.

Mas o poder associado a essas criaturas é tão forte, e o folclore cercando-as é tão persistente e difundido, que acho que elas merecem um exame mais minucioso aqui.

Na Inglaterra oriental, magos chamados *toadmen* (homens-sapo) tinham poderes psíquicos e possuíam poder sobre animais, cavalos e mulheres. Eles obtinham seus poderes com a segunda visão e reavendo o que era conhecido como "clavícula" de um sapo usado em ritual. Embora rãs também pudessem ser utilizadas para isso, os sapos teriam mais poder. Durante a ocupação romana, os romanos usaram sapos como bússolas, colocando facas nas costas do animal, acreditando que ele se orientaria na direção correta.

Rãs e sapos são anfíbios que, desde a era medieval, estão estreitamente ligados à bruxaria, em geral, e à magia do pântano, em particular. Há várias histórias de mulheres transformando-se em animais – geralmente gatos ou sapos – que eram considerados na época detentores do espírito da bruxa. Essa entidade é chamada de *aparição*, e sapos eram muito usados como aparições na bruxaria. O conceito de aparição pode ser difícil de compreender, se não estiver familiarizado com ele. Pense em uma aparição como uma concha esperando para receber o espírito de uma bruxa, quando este deixa o corpo humano e entra em outro ser ou objeto. Ao entrar na aparição, o espírito da bruxa tem a liberdade de vagar por muitas dimensões. Da mesma forma, se a aparição de uma bruxa fosse machucada, ela também seria.

As lendas de rãs e sapos sendo usados em simpatias e feitiços são numerosas. Usar partes de um sapo penduradas no pescoço era considerado proteção contra inchaço, tuberculose e reumatismo. As cinzas de uma rã ou de um sapo queimado usadas em volta do pescoço protegiam contra a peste negra. Às vezes, eram utilizadas as partes traseiras de rãs, acreditando-se que, por transferência, a doença passaria para a parte superior ainda viva do corpo da rã, que então se arrastaria, levando a doença consigo. Arqueólogos encontraram efígies de rãs e sapos que eram feitas com prata, cera, madeira e ferro e que serviriam de oferendas votivas. Sapos eram associados ao amor e dizia-se que seu sangue tinha propriedades afrodisíacas. Plínio foi o primeiro a escrever que eles poderiam ser utilizados como um amuleto afrodisíaco. Também eram associados a tesouro e alguns, acreditando que sapos guardavam tesouros, eram gentis com eles, na esperança de compartilhar das riquezas.

Esses animais também foram associados ao veneno. Uma espécie específica de sapo venenoso, chamada rubeta, poderia ter poderes fantásticos, por viver entre arbustos espinhosos. Certas espécies de sapos tóxicos eram usadas para envenenar, ou pelo menos tentar, os inimigos do poderoso. Embora rãs e sapos fossem considerados benéficos e usados na cura nos rituais pré-cristãos, eles assumiram uma conotação mais sombria e repugnante de medo e aversão na era cristã na Europa, quando adquiriram uma reputação sinistra e foram associados ao demônio ou a espíritos malignos. Na França, eles eram chamados às vezes de *bot*, uma palavra também usada para o demônio. Por causa de sua metamorfose de girino para animal adulto, eles também eram ligados à lua e suas fases, e utilizados na alquimia como agentes de mudança.

Às vezes, as propriedades mágicas atribuídas a rãs e sapos eram contraditórias. Na Inglaterra, um sapo poderia curar verrugas ou até câncer, se fosse esfregado na área atingida. A transferência mágica era usada aqui, claro. Por outro lado, em outros lugares da Inglaterra e da Europa, os sapos eram acusados de causar verrugas. Na Escócia, dava sorte um sapo cruzar o caminho de uma noiva no dia de seu casamento, ao passo que, na Bretanha, um sapo passar do seu lado esquerdo era sinal de azar. Na Escócia, durante a estação da colheita, esfregava-se um sapo nos pulsos torcidos dos trabalhadores rurais para trazer alívio. Eles também ajudavam a curar aftas e, em algumas situações, eram colocados na boca por alguns segundos. Hoje sabemos que, nesse caso, eram provavelmente as propriedades antifúngicas do sapo que ajudavam a curar a condição. Não recomendo tentar isso, mas é interessante conhecer as antigas crendices populares.

As pedras dos sapos, também conhecidas como bufonitas e *bufonis lapis*, vinham da cabeça de um sapo, mas elas na verdade eram parte de um peixe fossilizado dos períodos jurássico e cretáceo. Os dentes do Lepidoto, um gênero extinto de um peixe com nadadeiras raiadas, pareciam pequenos seixos pretos ou marrons, que eram muito estimados e considerados joias raras. Isso pode ser aquilo a que Shakespeare alude em *Como Gostais*, quando ele escreveu sobre o sapo feito que ainda usa uma joia preciosa na cabeça. Durante a Idade Média, e até o século XVIII, diziam que essa pedra mudava de cor quando se aproximava de veneno. A pedra era usada muitas vezes como um anel e era considerada tão preciosa quanto uma pérola. As pessoas a utilizavam como um amuleto de proteção para casas e barcos e acreditavam que ela traria vitória àqueles que a usassem em uma luta. Ela também protegia contra raios, encantamentos e bruxaria e era estimada por grávidas, que acreditavam que ela as protegeria do mal e as ajudaria com os problemas femininos e no parto.

Na Cornuália, encontrar um sapo em um poço de mina dava sorte. Encontrar um sapo no seu caminho também, mas espantá-lo dava azar. Um "médico de sapos" cortava as patas traseiras dos animais, colocava-as em sacos de tecido e pendurava os sacos nos pescoços dos pacientes, deixando as pernas tremerem contra os peitos. Isso era considerado um remédio para a escrófula, um problema nos linfonodos cervicais associado à tuberculose. Essa prática persistiu até meados do século XVIII. As rãs eram usadas realmente em todas as formas de curas estranhas, desde estancar sangramentos nasais e fluxo menstrual intenso até esfregá-las nas solas dos pés para tratar doenças da cabeça e do coração. Elas eram penduradas pelas patas traseiras em chaminés para secar ao sol, depois eram picadas e viravam pó, que era misturado em soluções alcóolicas, óleos e sais voláteis.

Os sapos também foram usados em várias formas de adivinhação chamadas *batraquiomancia*, embora não reste muita informação a respeito dessa prática. A própria palavra vem do grego *batrakhos*, que significa "rã", e *manteia*, que significa "profecia". Alguns dizem que umas bruxas contavam as verrugas de sapos para adivinhar o futuro, enquanto outras apenas observavam o sapo e adivinhavam o futuro por suas ações. Como esses animais são associados à água, eles eram muito usados para prever o tempo. Dizem que muitos sapos previam a chegada de um tempo úmido ou chuvoso.

Um único ritual encontrado em muitos textos antigos diferentes, com pequenas variações para resultados ou usos específicos, era utilizado como um ritual de iniciação no caminho da sabedoria europeu da bruxaria e do sapo, um caminho seguido por bruxas europeias e curandeiros das vilas solitários, que usavam remédios naturais, davam conselhos, previam o futuro e tratavam de outras formas de magia em suas vilas. Esses praticantes, que muitas vezes eram chamados de mulheres ou conjuradores sábios, utilizavam simpatias populares antigas, ervas mágicas e salmos bíblicos para enfeitiçar e curar.

Outros Espíritos do Pântano

Trabalhar com os espíritos que residem em brejos e pântanos é diferente de trabalhar com os habitantes de rios, lagos, poços e oceanos. As águas pantanosas e os espíritos que vivem lá costumam ter uma natureza mais sombria. Esse não é sempre o caso, claro, pois lá também existem muitos espíritos aquáticos bondosos. Mas, nas águas negras de pântanos, podem-se encontrar fantasmas, animais espectrais, como cervos brancos ou cães negros, e entidades que o levarão a locais de águas negras cobertos de árvores – talvez por magia ou maldade. Nas águas verde-escuras de pântanos (principalmente na Bretanha), você pode encontrar os Corrigans (às vezes escrito com um "k"), almas em sofrimento condenadas a vagar por terras devastadas e úmidas. Elas são descritas às vezes como criaturas pequenas parecidas com gnomos ou, então, como belas formas femininas magras com cabelo branco ou loiro e olhos vermelhos que, pela manhã, se transformam em velhas enrugadas. Esses espíritos parecidos com sereias eram vistos com frequência assombrando fontes e cachoeiras. Na maior parte do tempo, no entanto, elas são ouvidas e não vistas.

Você pode se deparar até com espíritos de mortos, que foram orientados a vagar pelo pântano solitário. Um encontro desses ocorreu na estrada de Carnac, quando um viajante viu uma mulher de Kergoellec, que ele sabia que tinha morrido há pelo menos oito dias. Aproximando-se dela, o viajante lhe pediu para se afastar para ele passar e ela desapareceu. O mesmo viajante, então, a viu no Pântano de Breno, onde ele tentou falar com ela.

Porém, é mais provável que se encontre o espírito do pântano Jenny (às vezes Jinny ou Ginny) Dentes-Verdes, fortemente vinculado à lentilha-d'água, uma alga verde encontrada na superfície de corpos de água parada e, às vezes, nas partes de baixo de árvores que crescem perto da água. Reza a lenda que Jenny é um espírito aquático da mitologia gótica que habita qualquer lago ou corpo de água parada onde se encontre lentilha-d'água. Ele é descrito com longos dedos e unhas, uma pele verde-clara, cabelos bem compridos, olhos grandes, queixo pontudo e dentes verdes (às vezes pontudos). Mas Jenny não é o único espírito que vive em brejos e pântanos. Na Cornuália, há relatos de espíritos aquáticos malignos que atraem os transeuntes para seu brejo com a luz das lanternas que carregam. Essa luz fantasma atmosférica, às vezes chamada de fogo-fátuo, é vista por viajantes à noite, principalmente sobre brejos, lamaçais ou pântanos. Um remédio popular simples contra esses pequenos espíritos aquáticos era virar sua roupa ou casaco do avesso.

Orvalho

O orvalho é outro tipo interessante de água com propriedades mágicas. Ele foi usado em rotinas de beleza, cura, maldições, entre vários outros encantamentos. Em Morva, Zennor e Towednack, crianças e mulheres sujas ou preguiçosas eram levadas pelo povo feérico, limpas com cuidado com orvalho, e depois voltavam. Elas acreditavam que, ao serem lavadas pelo povo feérico no orvalho da manhã, ficavam mais belas. Anglo-saxões e irlandeses diziam que o orvalho ajudava em dificuldades com os olhos, para auxiliar a melhorar a visão e para eliminar a dor ocular. O orvalho coletado da erva-doce ajudaria a fortalecer a vista.

O orvalho retirado do espinheiro e de outras plantas mágicas tinha propriedades curativas. Coletado e aplicado antes de o sol nascer no dia primeiro de maio (Beltane), em pleno verão, ou no solstício de verão, seus alegados poderes intensificavam-se com a força do sol, que estava em seu auge nessa ocasião. Dizia-se também que o orvalho eliminava sardas e verrugas e ajudava a embelezar, como descrito nesta velha simpatia:

> A bela donzela
> No raiar do dia primeiro de maio
> No campo se aventurará.

Ela lavará seu rosto no orvalho
Do mágico espinheiro-branco
E para todo o sempre belíssima será.

Alguns acreditavam que essas propriedades curativas poderiam ser transferidas em uma corrida pela grama molhada com orvalho. Em uma simpatia britânica, para curar uma criança com as costas fracas, ela era levada pela grama molhada com orvalho em três dias consecutivos a partir do dia primeiro de maio. O orvalho coletado debaixo de um carvalho ou espinheiro antes do amanhecer no dia 1º de maio ajudava com a pele do rosto e era utilizado em rotinas de beleza. Era usado também para banhar crianças fracas e doentes para aumentar sua força.

O orvalho também pode ser usado para proteção. Aquele coletado em 23 de abril, dia de São Jorge, era utilizado para proteger contra o mau-olhado. Na Ilha de Man, lavar o rosto com orvalho o protegeria de bruxaria por um ano. Na Bretanha, o orvalho coletado de um cemitério protegeria contra abscessos no pescoço. A pessoa deveria esfregar um osso encharcado de orvalho retirado de um cemitério, então devolvê-lo ao mesmo lugar e enterrá-lo. Por transferência, com a putrefação do osso, a doença desaparecia do corpo.

Na Inglaterra, mulheres sábias consideravam o orvalho uma dádiva do céu e o usavam como um aditivo em seus remédios. Elas costumavam coletá-lo de pedras com depressões ou taças escavadas neles. O orvalho coletado com um pano branco ou de um pano branco deixado ao ar livre, mas sem tocar o solo, era usado em rituais de cura. Às vezes, o orvalho em si era usado, às vezes o pano era utilizado para cobrir a parte doente do corpo.

Ele também era coletado para danificar os outros em uma prática chamada bruxaria de orvalho. Se as bruxas coletassem orvalho de um curral, o gado seria prejudicado. Adicionar uma colherada de orvalho em uma batedeira de manteiga produziria um bom estoque.

Exercício: Como transformar águas paradas escuras

Vimos neste capítulo que brejos e pântanos têm energias mais sombrias, decadentes e paradas. Se você tiver a sorte de viver perto de uma dessas áreas, ou até de algum lugar semelhante, medite por um momento com essas águas. Sugiro fazer a meditação ao entardecer, durante o quarto minguante ou a Lua Negra. No entanto, se você se sentir atraído por esse tipo de água, considere meditar com a água em horas diferentes do dia e durante ciclos lunares distintos. Se não morar perto desse tipo de água, ainda poderá conectar-se com ela pela observação ou visualização remota.

Encontre um corpo de água pantanosa ou parada onde seja seguro para você se sentar por um momento e meditar. Depois de se sentar, feche os olhos e entre em um estado de transe ou meditativo bem leve. Comece a ouvir. O que você ouve? Como está o ar? Você sente cheiro do quê? Um tempo depois, visualize-se levantando e entrando no pântano. No plano astral, sinta a água. Como ela se compara aos cheiros e aos sons no mundo terreno?

Você pode encerrar a meditação nesse momento, retornando ao seu corpo e voltando ao instante presente. Se quiser continuar, comece a falar com os espíritos locais. Quem se aproxima? É Jenny Dentes-Verdes? Um espírito ancestral? Uma fada local? Como a natureza dos espíritos pantanosos pode ser imprevisível, sugiro apenas fazer contato a princípio e falar com eles. Não interaja, aceite alimentos ou presentes, nem os acompanhe até seus lares aquáticos. É melhor deixar essas práticas para trabalhadores espirituais mais avançados.

Capítulo 6

Bruxas Marinhas

As bruxas marinhas fascinam muito há centenas de anos. Sua mitologia e seu folclore são vastos. Há várias lendas sobre bruxas do mar e diversas mais sobre mulheres fantasmagóricas vagando pelas praias. Muito do folclore que temos de bruxas marinhas vem da Bretanha, embora não exista muita informação a respeito de práticas mágicas específicas relativas ao mar que venha diretamente dos celtas. Em vez disso, a tradição nos foi transmitida em partes por lendas e práticas mágicas populares.

Elas têm uma reputação antiga de ficar à espreita em praias, vender amuletos, invocar tempestades e afundar navios. Dizem que algumas bruxas marinhas – principalmente aquelas das histórias coletadas do Novo Mundo até o século XIX – usavam sapatos vermelhos. Na verdade, isso seria um sinal certeiro de uma bruxa. As histórias a seguir foram compiladas e narradas, às vezes como versões um pouco diferentes das mesmas lendas que foram entrelaçadas em uma única história. Algumas são bem detalhadas, outras nem tanto. Mas cada uma constitui uma peça importante de uma prática profissional baseada no folclore da bruxaria marinha.

- *Nancy, a Bruxa do Mar de Newlyn*: Suas ferramentas de adivinhação são encontradas no Museu da Bruxaria. Joga belemnites e pedras marinhas e lê como elas caem, fazendo previsões oraculares para pescadores.
- *A Bruxa de Fraddam*: Uma famigerada bruxa de West Country que teria entregue sua alma ao demônio. Ela travava uma batalha, ou guerra de bruxas, com a Feiticeira de Pengerswick, descrita como uma bruxa branca que se opunha sempre à sua magia. Um dia, ela foi a Kynance Cove dar água envenenada ao

cavalo da Feiticeira e jogar nele uma sopa envenenada descrita como um caldo infernal preparado com ingredientes venenosos na mais negra das noites, durante os aspectos mais malignos dos astros, com a ajuda do demônio em pessoa. Por volta do equinócio da primavera e em uma noite de tempestade, ela atravessou o pântano em seu gato preto. Quando a Feiticeira se aproximou, ela se preparou para jogar seu caldeirão de caldo infernal no cavalo, mas seu plano deu errado quando o cavalo olhou para ela com fogo nos olhos. Assustada, ela derramou o caldo e, ao virar o caldeirão, bateu em sua perna, ela tropeçou e caiu. O caldeirão tornou-se seu caixão na hora. Até hoje, ela pode ser vista flutuado para cima e para baixo no mar em seu caldeirão, provocando todos os tipos de males. Dizem que apenas a Feiticeira tem poder sobre ela e a chama para atender às suas ordens, soprando seu trompete três vezes na beira do mar.

- *A Bruxa do Mar de Penryn*: Também chamada Kate, "a gaivota", Turner e Kata de Mar. Ela é conhecida por seu trabalho em adivinhação. Em uma fonte, é descrita usando um "pandeiro falante" com búzios, para realizar sua magia divinatória. Seu pandeiro era pintado com símbolos mágicos e dividido em partes para adivinhar o significado da mensagem, de acordo com o modo como os búzios caíam. Ela também usava bolachas-da-praia, lanternas de Aristóteles, entre outras conchas.

- *A Bruxa do Mar de Mevagissey*: Uma bruxa que usava as presas de cachalotes na "magia do toque". Ela sentava e esfregava uma presa enquanto entoava um feitiço – um para magia benevolente, outro para magia prejudicial.

- *A Bruxa da Irlanda que Afundava Barcos:* Lenda do folclore da Ilha Emerald. Um dia, pescadores locais traziam a pesca, quando foram abordados por uma velha que exigiu que eles lhe dessem um pouco do peixe para sua refeição. Eles recusaram e ela lhes disse que se arrependeriam. Naquela noite, os pescadores contaram tê-la visto do lado de fora de sua casa, realizando rituais estranhos, que envolviam uma tigela com água e várias penas flutuando. Enquanto ela agitava a água, uma tempestade começou a se formar no mar. Na manhã seguinte, a praia estava coberta com barcos naufragados e corpos de pescadores. Os habitantes da cidade e as famílias dos pescadores mortos culparam a bruxa, mas ela não foi encontrada.

- *As Galligende*: Um grupo de nove sacerdotisas gaulesas que viviam em Sena, uma ilha na costa da Bretanha. Elas eram conhecidas por ter grandes poderes mágicos e oraculares, e eram consideradas virgens perpétuas. (Isso as diferencia das Namnetes, descritas a seguir). Seus poderes eram tamanhos, que elas poderiam enfeitiçar o oceano e provocar fortes tempestades. Conseguiam se transformar em qualquer animal que quisessem e tinham o poder de curar doenças incuráveis. Muitos viajantes e marinheiros as procuravam atrás de sorte, proteção e cura.

- *As Namnetes*: Um grupo de mulheres parecidas com sacerdotisas, que viviam em uma pequena ilha na foz do rio Loire, habitada apenas por mulheres. Nenhum homem ousava pôr os pés na ilha, mas as mulheres saíam com frequência para visitar os homens, ter relações sexuais e engravidar deles. Elas cultuavam Dionísio, realizavam rituais sagrados e iniciatórios. Uma vez por ano, tiravam o teto de seu templo e o substituíam no mesmo dia. Se qualquer mulher derrubasse sua carga durante esse trabalho, ela era atacada violentamente pelo restante e despedaçada. Sua carga era então conduzida pelo templo aos gritos de "Ev-ah".

Destroços e Detritos

Destroços e detritos são muito mais do que um mero trava-língua. Na verdade, são dois conceitos regulamentados pela lei marítima – uma legislação que rege e julga crimes, reivindicações e eventos que ocorrem no mar. Em geral, esses termos são usados para descrever dois tipos distintos de escombros encontrados no oceano – mais frequentemente depois de naufrágios e outros desastres.

Os detritos são os escombros jogados deliberadamente de um barco prestes a naufragar. Quando um navio está em perigo, os membros da tripulação descartam o carregamento para aliviar o peso. Esse carregamento costuma ser composto por partes de um navio, ou sua carga ou equipamento que foi removido propositadamente e fica flutuando no mar. Já os destroços são escombros flutuantes de um navio naufragado. A lei marítima faz uma distinção clara entre destroços e detritos porque, enquanto os detritos podem ser reivindicados por qualquer pessoa que os descubra, os destroços podem ser reivindicados apenas pelo dono original. Os detritos não podem ser vendidos, os destroços sim. E costumam ser bem valiosos.

Um refugo, por outro lado, é qualquer item ou objeto que foi levado pela maré ou deixado na praia pelo vento. Isso pode incluir detritos ou outros objetos de um naufrágio. Como esses refugos, quando encontrados, poderiam ser reivindicados, muitas vezes eles foram responsáveis por ajudar pessoas comuns a enriquecerem ou a ter uma boa sorte. Se você já passou um tempo garimpando em uma praia, sabe que refugos de todos os tipos aparecem lá. Objetos perdidos, antiguidades e outros tesouros são encontrados e coletados, tanto por garimpeiros das praias como por bruxas marinhas espertas!

Magia Lunar

Por sermos bruxas e magos de água, devemos aprender a entender os ciclos lunares. A lua está intimamente ligada à bruxaria, em geral, e com as bruxas da água ou do mar, em particular. Nossos corpos são compostos de 70 a 80% de água. Portanto, se a lua afeta as marés, nos afeta também. Nascem mais bebês durante a Lua Cheia, por exemplo, e as pessoas costumam agir como loucas durante essa fase lunar – de onde vem o termo "lunático".

Moluscos e outras criaturas marinhas desovam e acasalam durante os ciclos das marés, os quais são atraídos pelo campo gravitacional. Antes dos relógios, a lua era usada para marcar o tempo e ainda é utilizada na magia lunar para acompanhar os ciclos, iniciar e encerrar trabalhos e até para fazer uma agenda ritualística mensal.

Todos os meses, a lua passa por seu ciclo de fases. Como cada ciclo dura 29,5 dias, podemos acabar com duas Luas Cheias em alguns meses. Esse fenômeno, chamado de lua azul, ocorre quando a lua fica cheia duas vezes no mesmo mês.

Se já não fez isso, passe a reparar nos ciclos lunares. Comece com a Lua Cheia e observe a lua a cada noite, até ela completar um ciclo completo. Quando a lua atinge seu auge, na fase cheia, ela começa a diminuir de tamanho. De certo modo, é como se ela soltasse sua pele – a cada noite apagando uma parte e tirando-a da nossa visão. Isso é apenas uma ilusão, no entanto, pois a lua é sempre totalmente iluminada, ela apenas oculta partes de si durante seu ciclo até, por fim, ficar escura no céu, com nada visível, além de uma sombra. Então, começamos a ver a lua crescer novamente – primeiro uma lasquinha, depois cada vez mais, até ela voltar à fase cheia. É claro que sabemos que a lua não se altera de verdade. É nossa percepção que muda. Isso nos lembra de nosso próprio trabalho com as sombras e como até a luz contém a dualidade da escuridão.

Você provavelmente já está familiarizado com o modo de funcionamento dos ciclos lunares. Desde novos, somos todos atraídos pela lua e, conscientemente ou não, a observamos minguar e crescer. Mas que relação isso tem com a magia? Isso se relaciona com a magia, porque o ciclo lunar interage com o campo gravitacional terrestre, que afeta as nossas energias e as das marés. É um lembrete sobrenatural das energias femininas da terra, da água e do céu e – se pensarmos nisso – do fogo também, pois não veríamos a face brilhante da lua se o sol não a iluminasse para nós.

As fases lunares acontecem em ciclos regulares, e cada fase tem uma função específica na nossa magia:

- *Lua Cheia*: Quando a lua atinge sua fase mais cheia. Essa energia é poderosa para manifestação, purificação e tudo aquilo que necessite de uma força extra. Deixe suas pedras, cristais, runas, alrunes, ervas e conchas ao ar livre durante esse período, para purificá-los e energizá-los sob a energia da Lua Cheia.

- *Lua Minguante (diminuição)*: Quando a lua começou a se desprender de sua forma visível. Essa energia é ótima para rituais de desprendimento, banimento e trabalho com as sombras. Essa fase é melhor para trabalhos que tenham a ver com encolhimento, para se livrar de alguma coisa, eliminar, aprofundar seu trabalho, recolhimento, interiorização e remoção de obstáculos.

- *Meia-lua (primeiro ou terceiro quadrantes):* Quando a lua está em um equilíbrio total. O primeiro e o terceiro quadrantes são ótimos para rituais e magias de equilíbrio, equilibrar energias e qualquer coisa relacionada a isso.

- *Lua Crescente (aumento)*: Quando a lua está começando a crescer. Essa energia é ótima para qualquer coisa que exija uma manifestação em larga escala – sorte, amor e todas as coisas que quiser manifestar. Use esse momento para "ganhar" energia, poder, prosperidade, sorte, vitória, etc.

- *Lua Nova (Lua Negra):* Quando a lua está completamente oculta da nossa visão. Essa energia é fantástica para plantar sementes (físicas e metafóricas), ajuste de contas, banimentos e términos que sejam seguidos por recomeços. Você pode utilizar a energia logo anterior à Lua Negra como "energia da morte" e a energia logo após como "energia de nascimento".

Exercício: Observação da lua

Começando pela Lua Cheia, passe a observar o ciclo e as fases lunares. A cada noite, passe pelo menos de cinco a dez minutos observando a lua. Como você se sente na Lua Cheia? Como se sente na Lua Negra? Que tipos de magia costuma praticar durante essas fases? No caso das mulheres, como é seu ciclo mensal? Ele corresponde ao da lua? Se sim, como? É importante notar que, no passado, os ciclos femininos costumavam acompanhar os ciclos lunares. No mundo moderno em que vivemos, no entanto, esse não é o caso, porque a luz ambiente e outros fatores interferem. Por isso, não se sinta em falta se o seu ciclo não acompanhar o lunar. Em vez disso, tente registrar seu ritmo corporal em comparação com as fases lunares. Qual é seu ritmo pessoal? Considere lançar um feitiço na Lua Cheia de cada mês (são 13 ao todo) ou na Lua Negra.

Marés Oceânicas

As marés são a elevação e quedas do oceano causadas pela força gravitacional da lua. Os ciclos das marés ocorrem a cada 12,5 horas, mas a cada 6,5 horas há uma mudança na maré, resultando em muitos tipos diferentes de marés criados por esse campo gravitacional. Os ciclos lunares, bem como os eclipses, por exemplo, têm um efeito sobre as marés oceânicas.

As marés também não são exclusivas dos oceanos. Corpos de água maiores, e até lagos, podem apresentar os efeitos da atração da gravidade. Nas magia e bruxaria marinhas, as bruxas estudam as marés de seus próprios corpos e da água, para que consigam trabalhar com as energias intrincadas associadas à atração lunar. Seu lugar no mundo afetará a hora do movimento das marés ao seu redor. Quando você estiver familiarizado com esses padrões das marés, poderá começar a trabalhar conscientemente com suas energias. Esse trabalho pode incluir qualquer coisa, desde lançar feitiços para uma maré específica, enviar oferendas, alinhar-se com anomalias astrológicas, invocar a energia lunar até realizar rituais em uma certa hora.

A seguir, há uma lista de marés e como você pode trabalhar com elas magicamente (veja a figura 2). Porém, é importante consultar sua tabela de marés local, pois elas mudam um pouco de um lugar para outro.

- *Vazante da maré:* O período entre o fluxo e o refluxo da maré, quando a água diminui. Essa maré é ótima para trabalhos de banimento, superar obstáculos, afastar coisas e pessoas, e para o movimento. Em Norfolk e Suffolk, diziam que quem nascesse na vazante enfrentaria muitos desafios na vida.

- *Vazão ou Enchente da maré:* Quando a maré está vindo. Essa é uma boa hora para magias relativas a: criatividade, criação, crescimento, expansão e aceleração. Em Norfolk e Suffolk, acreditava-se que mais crianças nasciam nesse período.

- *Maré alta:* Quando a maré está em seu auge. Isso ocorre a cada 12,5 horas, e é um ótimo momento para magia para prosperidade e todas aquelas relacionadas à fartura.

- *Maré baixa:* Quando a maré está em seu ponto mais baixo. É uma ótima hora para tirar impurezas e "lançar" qualquer magia associada a banimento, trabalho com sombras, livrar-se de coisas indesejadas, cortar amarras e romper com hábitos.

- *Maré viva:* Recebe esse nome porque a água parece crescer como se estivesse viva. O movimento dessas marés é mais poderoso nas Luas Nova e Cheia, e é caracterizado por níveis mais elevados do que normais de água. Essa maré pode ser usada para qualquer tipo de crescimento e expansão.

- *Maré morta:* Caracterizada por níveis de água abaixo do normal. Eles são os níveis mais baixos da maré alta e podem ser usados como uma maré alta suave. Ocorre quando a lua está no primeiro e terceiro quadrantes.

- *Maré de sota-vento:* Quando a maré e o vento fluem na mesma direção, em harmonia.

- *Maré de barlavento:* Quando o vento e a maré fluem e sopram em direções opostas.

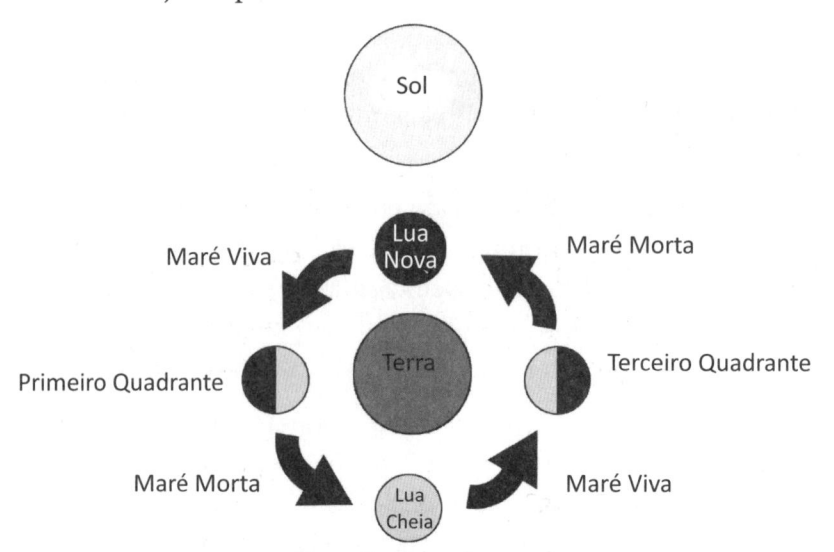

Figura 2: Ciclos das marés em relação ao sol e à lua.

Conchas

Trabalhar com conchas marinhas é provavelmente uma das minhas formas de magia marinha favoritas. Na minha opinião, temos uma conexão pueril com esses incríveis artefatos. Seus diversos formatos e cores, além das criaturas que vivem nelas, servem para uma variedade quase ilimitada de trabalhos mágicos. As conchas marinhas são, na realidade, exoesqueletos de invertebrados. São compostas principalmente de carbonato de cálcio e cerca de 2% de proteína. Assemelham-se a um osso, mas, em vez de criar uma estrutura de suporte interna, elas produzem uma proteção óssea. Por isso, qualquer concha forte pode ser usada para proteção e blindagem.

Quando escolher conchas para usar em sua magia, é importante observar algumas coisas. Primeiro, não é legal nem seguro coletar conchas em todas as praias. Alguns lugares têm regras rígidas sobre catar conchas, areia ou água. Outros são abertos para qualquer um pegar o que quiser. Porém, quando você pegar conchas nessas praias, veja se não há criaturas vivas dentro delas. Nunca leve um ser vivo para casa – a menos, é claro, que você esteja catando mariscos para uma sopa ou pescando para o jantar! O mesmo vale para outras criaturas, como polvo, bolachas e estrelas-do-mar. Se você encontrar algum deles levado pelas ondas até a praia, ele pode necessariamente não estar morto e precisar ser levado de volta ao oceano. Com nossas águas preciosas sempre sob ataque de colheita e poluição, bruxas sábias valorizarão a vida e apenas levarão para casa aquilo que o oceano já deu. Nunca tire a vida de uma criatura ameaçada.

Alguns argumentam que há rituais específicos nos quais um espécime vivo pode ser usado. Pode até ser, mas essa é uma decisão que cada bruxa deve fazer. Sempre é sensato não ofender os espíritos da água, pois isso pode levar a resultados catastróficos. Sempre ponha o bem da água em primeiro lugar e ela o abençoará copiosamente de volta. No capítulo 7, você encontrará ideias para oferendas apropriadas.

As conchas são utilizadas em todas as culturas e têm significados específicos, dependendo da cultura e do uso. Os celtas usavam moluscos como alimento, enquanto os escoceses incorporaram o caramujo como parte de seu suprimento alimentar. Búzios foram encontrados em uma câmara mortuária anglo-saxã do século XVII.

Há relatos de templos, túmulos e outros importantes locais antigos decorados com conchas, e há muitas covas e lugares cerimoniais onde as conchas foram encontradas em grande quantidade. No século XIX, a "conchilomania" alastrou-se pelas sociedades aristocráticas da Europa. Muitos capitães do mar levavam para casas baús e caixas cheias de conchas de suas aventuras pelo mundo, negociando-as, vendendo-as ou guardando-as como tesouros. Em um caso, uma concha foi vendida por $ 20.000!

Antes disso, constatou-se uma profunda reverência e amor por conchas na maioria das culturas. A ostra-dos-lábios-negros foi muito utilizada incrustada em joias e para outros propósitos também, muitas vezes mágicos. Há relatos de uma concha usada como um dedal mágico. Outras conchas eram coletadas como amuletos e pintadas ou gravadas com sigilos de proteção, cruzes e outros símbolos sagrados. Esses tipos de amuletos eram bem individualizados e únicos a cada praticante. Se quiser usar um, você deve criá-lo de acordo com sua prática. Conchas de ostras são muito utilizadas em feitiços para amor, pois dizem ter propriedades afrodisíacas – principalmente se você tiver a sorte de encontrar uma ostra em formato de coração. Elas também podem ser usadas para proteção. Um amuleto desses encontrado no Boscastle Museum, na Cornuália, era utilizado para proteção contra o fogo. A concha era pintada com feitiços de proteção e colocada em uma caixa preta.

A seguir, há uma lista de usos mágicos, folclóricos e culturais das conchas. Essas correspondências vêm do meu próprio trabalho – que é muitas vezes, mas não só, baseado no folclore europeu – no entanto, suas fontes e usos tradicionais foram observados. As conchas são distintas e bem diferentes, e, assim como pedras e cristais, podem ter múltiplos usos e sentidos. Essa lista não representa de jeito algum a única forma de trabalhar com conchas. Se você encontrar uma e ela falar com você com um sentido específico, preste atenção ao espírito da água, em vez de às correspondências encontradas em qualquer livro – inclusive este. Meu objetivo é ajudá-lo a desenvolver uma prática de magia com conchas baseada em sua própria experiência – com talvez uma ajudinha desta obra.

- *Abalone ou orelha do mar verde:* Usada para o alívio do estresse e da ansiedade, desenvolvimento espiritual, sorte, beleza, prosperidade, e cerimônia e purificação. Conchas de abalone não eram utilizadas pelos europeus para defumação, mas fazem lindas tigelas de oferenda. Fechar os buracos com cera de abelha transforma essa linda concha em uma maravilhosa tigela para mexer na água durante os rituais de purificação, ou para colocar a água para a bênção com o maço de ervas frescas.

- *Berbigão*: Usado para amor, purificação, banir negatividade, concentração, meditação e novos inícios. Em Skye, quando uma bruxa queria afundar um barco, ela colocava um berbigão flutuando em uma poça d'água cercada por pedras negras.

- *Búzio*: Usado para ritos funerários, rituais para o além, oferendas, rituais para a deusa da fertilidade, simpatias para prosperidade e dinheiro, e trabalhos relacionados com os olhos, a visão, o terceiro olho, a voz e os olhos dos deuses. Utilizado também para invocar boa sorte, proteção do mau-olhado, conhecimento, canto, sabedoria, abundância e crescimento.

- *Búzio relâmpago:* Usado para assumir o controle de uma situação, decretos e estresse emocional. Muitas suspeitas cercavam esse búzio e acreditava-se que dava azar deixar um búzio relâmpago vazio em casa durante a noite. Esses búzios também eram associados à época do Natal e ao Dia de Brígida (1º de fevereiro), quando o cozinhavam e o comiam em uma sopa.

- *Caracol do mar*: Usado para comunicação com espíritos, necromancia e como um recipiente para água ou vaso, também chamado de concha dos oráculos.

- *Caracol lua:* Usado para proteção do mau-olhado, nos ciclos lunares e marés. Ele o aproxima do mar e limpa energias negativas. Era usado para os ritos da Deusa Mãe e da Lua Cheia.

- *Caramujo*: Usado para prosperidade, questões de saúde, amizade, integridade e sorte.

- *Caramujo-chinelo (Crepidula fornicata):* Usado para proteção, promoção de sonhos, relaxamento, mistérios, mensagens ocultas, comunicação e não conformidade. Por serem uma espécie invasiva, são bem usados em feitiços relativos à invasão, propagação, tomar posse, fertilidade e expansão.

- *Concha-verme:* Usada para confundir e enredar inimigos, obter conhecimento e orientação e conseguir emprego. Arranjos dela podem ser utilizados para reunir companhias, quebrá-la pode servir para rompimento.

- *Dedos de Lúcifer:* Uma espécie extinta de ostra que lembra um náutilo ou concha de lesma. Carregado como um amuleto, ajudava a aliviar dores articulares; em pó, era utilizado para aliviar dores nas costas em cavalos. Também pode ser usado como uma pedra de massagem, mas tem suas próprias correspondências e não deve ser utilizada no lugar das conchas de náutilo, lesma ou amonite, pois estas têm seus usos específicos.

- *Escalária:* Usada para prosperidade, pureza, proteção, meditação, paz e avanços.

- *Lapa:* Usada para aumentar o poder, invocar um cone de poder, proteção, fortalecimento, coragem e sabedoria. Ela também faz belos incensários.

- *Lesma:* Usada para sorte e longevidade, proteção do mau-olhado, boa sorte, cura e fertilidade. Os ciganos acreditavam que essas conchas eram muito auspiciosas e qualquer uma com uma palavra escrita naturalmente nela era muito estimada. Às vezes, as pessoas colocavam um barbante nelas e as penduravam em casa para proteção.

- *Mexilhão:* Utilizada para rituais que envolvam estabilidade, a lua, comunidade, pérolas e fontes de alimento.

- *Olho de gato (concha turbante):* Conchas de caracol com uma espiral marrom ou branca, de um lado, e com cores pastéis do outro. Usadas em simpatias contra mau-olhado e para proteção, às vezes recebem o nome de olho de Santa Luzia e são usadas em simpatias associadas à sorte.

- *Ostra:* Usada para invenção, criação de beleza, boa sorte, beleza e proteção.

- *Vieira:* Usada para fertilidade, lealdade, amor e proteção.

- *Vôngoles ou amêijoas*: Usados para beleza, proteção, dinheiro, fartura, amor, purificação, vitalidade, estabilidade e equilíbrio (ou desequilíbrio, se você tiver apenas uma metade).

Outros Tesouros Marinhos

A praia é um lugar liminar e muitos presentes são depositados lá por ventos e marés. Além disso, tesouros são encontrados muitas vezes na base de falésias ou enfiados em dunas. Fósseis espalham-se pelas falésias de Lime Regis, enquanto dentes gigantes de megalodonte são encontrados no fundo do Oceano Atlântico. Conchas são encontradas em todo o mundo e feijões marinhos viajam pelas ondas de uma praia a outra.

O oceano é misterioso e liminar – um portal para e parte do Outro Mundo. Ele também nos liga a outras culturas e lugares, trazendo objetos raros de longe para nossas praias locais. Muitos desses itens têm um histórico de serem usados em magia, bruxaria ou amuletos populares. A seguir, estão algumas das coisas que você pode encontrar e coletar nas praias. Se encontrar algo que não esteja nesta lista, pegue mesmo assim! Você pode sempre trabalhar com o objeto e encontrar seu significado com a meditação.

- *Alga marinha:* Usada para fertilidade, prosperidade, magia das sereias, amarração, cura e nutrição.

- *Âmbar gris:* Substância parecida com cera que vem do intestino de baleias, é usada como perfume e como um afrodisíaco. Já foi considerada mais valiosa do que o ouro e pode ser utilizada em feitiços de amor, sexuais e para ganho de dinheiro.

- *Âmbar:* Um presente precioso do mar, que pode ser colocado em um fio vermelho e utilizado para proteção. Os escoceses usavam isso como um amuleto de proteção.

- *Amonite:* Contém a energia primordial do mar, dos ancestrais e de ciclos, é semelhante ao náutilo. Pode ser usada como uma pedra de massagem, para eliminar cólicas, para proteção e fertilidade, ajudar a reverter a infertilidade e para trabalhar com energia de serpente ou de dragão. Também pode ser utilizada em transferência e cura.

- *Areia:* A areia cinza e preta é para proteção, banimento e magia noturna; a branca ou de cor mais clara serve para feitiços de cura; a areia úmida marrom, para se conectar com as energias marinhas, enraizamento e prosperidade. Você também pode usar a hora do dia, a maré e o clima para influenciar a areia. A areia banhada pelo sol coletada no equinócio é diferente daquela retirada de uma praia durante uma tempestade na maré alta. Identifique sua areia com a data, o ciclo lunar e a energia que a cerca antes de engarrafá-la.

- *Boias de pesca (bolas de bruxa):* Usadas para proteção e para aprisionar energia. Moedas eram colocadas em boias de cortiça como pagamento aos deuses do mar em troca de uma boa pescaria.

- *Bolacha-do-mar:* Associada ao pentagrama, a dinheiro, inspiração divina, plenitude e prosperidade.

- *Bolsa de marinheiro:* Também chamada de bolsa marinha, bolsa de sereia ou bolsa de donzela. São as cápsulas de ovos de tubarão, tartaruga ou arraias, que nasceram no mar. Também recebem o nome de bolsas do demônio, em uma alusão à natureza poderosa na feitiçaria. Podem ser encontradas na beira do mar de quase qualquer praia, principalmente em setembro e, em geral, misturadas na alga marinha. Servem de recipientes perfeitos para magia que envolve crescimento, prosperidade, fertilidade, nascimento e renovação. Também podem ser usadas para proteção, principalmente por uma mulher que as utiliza para proteger seu filho.

- *Carvão marinho:* Carvão que esteve no oceano e, como o vidro do mar ou os seixos, foi desgastado pelo mar e depositado na praia. Essas peças são usadas em simpatias para proteger de espíritos malignos, proteger um barco dos perigos do mar e para boa sorte.

- *Cascas e garras de caranguejo:* Usadas para proteção, afastamento e recolhimento.
- *Cavalo-marinho:* Usado para proteção, afastar o mau-olhado e para sorte. É melhor encontrá-lo naturalmente na praia ou comprar de um garimpeiro de praia, se tiver certeza de que ele foi encontrado na beira do mar. Tome cuidado, pois muitos lugares o cultivam para decorações. É muito melhor aceitar um verdadeiro, que foi levado pelas ondas como um presente do mar. Se quiser trabalhar com um cavalo-marinho e não tiver um verdadeiro, você pode usar um amuleto, imagem ou pedaço de cerâmica no formato de um.
- *Coral:* Presente em diversos formatos. Pode ser usado para uma variedade de fins, porém é mais comum na magia e na bruxaria para proteção. Ajuda a proteger e afastar o mau-olhado. Pode ser utilizado na necromancia marinha, para aliviar a loucura e pesadelos, e para proteger contra afogamento. Segundo os gregos, o coral negro tinha qualidades medicinais.
- *Dentes marinhos e de tubarão:* Usados para proteção, magia agressiva e associações a animais. Quando utilizados como amuleto, são conhecidos por serem uma boa proteção contra veneno.
- *Estrela-do-mar:* Usada para magia climática, como um pentagrama, oportunidade e regeneração.
- *Feijão de Maria (Airene Mboire):* Semente usada em uma simpatia para aliviar a dor na hora do parto. Também era dada a bebês em fase de dentição na Irlanda e pode ser utilizada como um amuleto de proteção, quando pendurada no pescoço.
- *Feijões do mar:* Usados para rituais envolvendo vida nova, parto, sementes de sabedoria e movimento. São descritos na Islândia como assustadores para Freyja, e são carregados e utilizados para prosperidade. Eles também são chamados de

castanhas-do-mar, castanhas-da-praia e ovos de fada. Dizia-se que curavam o gado doente e protegiam do mau-olhado.

- *Focinho do peixe-serra fossilizado:* Usado em adivinhação, para traçar linhas na areia, nas quais se jogam búzios e outros itens, também chamado de pente das sereias.

- *Fósseis crinoides:* Também chamados de lírios-do-mar, astérias e pedras da vitória. São fósseis de antigas criaturas marinhas da mesma família da estrela-do-mar e do ouriço-do-mar, que trariam vitória a quem os levasse consigo. São encontrados muitas vezes com belemnites, que se alimentam deles. Às vezes ocorrem naturalmente com buracos no centro, fazendo deles pedras de bruxa poderosíssimas também. Podem ter sido usados como contas de rosários desde meados do século XIII.

- *Fósseis de belemnites:* Fósseis da lula antiga, uma ordem extinta de cefalópodes que muitas vezes foi associada ao deus nórdico Thor e raios. Servem como pedras destrutivas e, se penduradas no pescoço, para proteção. Já foram chamados de pedras de raio e ajudavam a proteger contra ataques de raios. Assim como o amonite, eram erroneamente associados a serpentes, sendo considerados línguas de serpentes antigas. Ajudam a proteger da *elfshot* (flechada de elfo), uma condição mágica semelhante à artrite, que se acreditava ser causada por elfos invisíveis que atingiam suas vítimas com flechas também invisíveis. (O termo era usado às vezes para indicar uma doença ou problema de saúde misterioso.) Esses fósseis podem ser utilizados em feitiços de proteção gerais ou como amuletos para detonar corporações que estejam destruindo nossos cursos d'água. Eles eram usados especificamente para direcionar energia agressiva muito como faria uma varinha de abrunheiro, e para guardar ou proteger. Eram utilizados também mais especificamente na magia que prejudicava outra pessoa, fosse por um bom motivo ou não.

- *Madeira flutuante:* Pode ser usada em varinhas e cetros, como talismãs e em amuletos. É associada a transformação e resistência.

- *Madrepérola:* Pode ser usada em feitiços e simpatias de cura. É associada a sereias, hora dos sonhos e relaxamento.
- *Ortocono:* Outro fóssil que pode ser usado na magia. Hoje em dia, muitos o utilizam em rituais de cura. Bruxas modernas o usam como um talismã para proteção, mas pode ser usado com sucesso das mesmas formas que o belemnite. Também tem uma ligação interessante com a cura empática da coluna.
- *Ouriço-do-mar:* Quando fossilizado, é chamado de pão das fadas. É usado em simpatias para prosperidade, dinheiro e proteção.
- *Pedras de bruxa:* Usadas para uma grande variedade de propósitos, incluindo proteção, magia, evocar visões psíquicas ou como uma janela para o Outro Mundo. São mais utilizadas para proteção como pingentes em um cordão ou barbante vermelho.
- *Pedras ou conchas em formato de coração:* Consideradas auspiciosas nas áreas do amor, do romance e dos relacionamentos, mas também para proteção. Podem ser usadas na magia empática, para curar o coração ou doenças sanguíneas.
- *Pérolas:* Formadas a partir de uma minúscula imperfeição dentro de um molusco, enquanto ele tenta se reparar. Por isso, as pérolas são o resultado direto da energia de cura e podem ser usadas para isso. São associadas ao mês de junho e aos filhos da lua, e estão intimamente ligadas com a lua nas práticas mágicas, por se parecerem com ela no formato, no brilho e na cor. Pérolas podem ser usadas para fazer essências de beleza e cura, e servem de oferendas a espíritos, deusas e ao mar. Podem ser utilizadas na magia da sabedoria e em qualquer magia associada ao signo astrológico de Câncer, à lua ou ao caranguejo. Também são usadas na magia de transformação pela associação empática, como uma gema estimada criada de uma falha minúscula. Elas são ótimas em feitiços envolvendo transformação, beleza, a Deusa, Vênus, capacitação e rejuvenescimento, e são usadas em feitiços relacionados a seca, saúde, potência sexual e cura.

- *Redes de pesca:* Podem ser usadas para capturar e enredar um inimigo, amarração e prosperidade.

- *Seixos e pedras:* Brancos para cura, pretos para proteção e transferência.

- *Vidro do mar:* Pode ser usado em feitiços envolvendo transformação, o ciclo de morte/renascimento e na magia das cores.

Alga Marinha

Alga marinha é um petisco delicioso e faz parte de refeições na culinária mundial. A maior parte das algas oceânicas é comestível, porém algumas condições podem mudar isso e alguns tipos podem ser mais adequados à alimentação do que outros. Algas de lago e lagoas, por outro lado, não são seguras para se ingerir. Na Irlanda, a sopa de alga marinha é tradicional. Em um ponto, era coletada e muito estimada como fonte de iodo.

A alga marinha também é muito utilizada na magia marinha. Pode ser usada para proteção contra espíritos malignos, de acordo com uma crença das terras montanhosas de que espíritos malignos não podem ultrapassar a linha da maré. A bodelha é usada em feitiços marinhos antigos e modernos, e pode ser útil nos trabalhos com sereias, para atrair dinheiro e para proteção, se for levada como um talismã poderoso em viagens por mar ou oceano. Também é muito usada para invocar espíritos marinhos. Um tipo chamado dedos de cadáver (*Xylaria polymorfa*) pode ser utilizada em trabalhos de necromancia, amarração e com espíritos de antepassados. A alga dulce ou *Palmaria palmata* é usada na culinária mágica e em rituais para longevidade e prosperidade. O musgo-do-mar irlandês (*Chondrus crispus*) serve para o enraizamento e é empregado em pratos crus da culinária e dermocosméticos. Pode ser usado na magia da mesma forma. A alga conhecida como nó marinho (*Laminaria digiata*) é utilizada em amarração ou aprisionamento. A alga *kelp* é ótima para feitiços para viagens, proteção e dinheiro, e também pode ser utilizada em amarração. Uma alga negra é descrita no folclore como algo que envolvia bruxas, ou algo que as sereias usavam para afogar marinheiros e estrangular homens.

A grama marinha (não confunda com alga marinha) pode ser usada como você utilizaria uma grama comum na magia com fibras e na magia com cordas ou nós, e proporciona uma área de abrigo e alimentação para cavalos-marinhos. Meillich (estorno ou feno-das-areias) era associado às vacas mágicas e acreditava-se que elas moravam lá. Nas ilhas ocidentais do Reino Unido, uma prática era usada para pedir por mais plantas marinhas quando há pouca alga marinha na beira do mar. Derramava-se uma tigela de mingau com ingredientes substanciosos e manteiga em cada promontório. No dia seguinte, as enseadas estavam cheias. A ideia era que o mingau seria uma recompensa da terra para o mar e, em troca, a recompensa ou o fruto do mar viria para a terra.

Simpatias Oceânicas Tradicionais

Há muitos tipos de simpatias relacionadas ao mar, um número quase ilimitado, se considerarmos todos os usos dos presentes do mar. Focaremos aqui alguns usos tradicionais a celtas e bretões e a seus descendentes.

Os peixes servem para muitas coisas. Certos ossos eram utilizados em simpatias, como já vimos, mas peixes vivos também podem ser usados em transferência. Assim como as pedras, um peixe pode ser esfregado no corpo de um doente e depois devolvido ao oceano, levando consigo a doença transferida. Para tirar a maldição de um barco que não consegue pegar peixe, pescadores colocavam uma cavala furada com prego ou alfinetes na popa.

O coral é muito utilizada para proteção e sorte, e o âmbar era usado como um amuleto pendurado em um cordão de seda vermelha por mulheres da classe mais alta. Garras de caranguejo e lagosta eram usadas em simpatias de proteção e para trazer uma boa pescaria. Um desses trabalhos encontrados na coleção do Museu de Bruxaria e Magia em Boscastle, Cornuália, inclui uma simpatia escrita em papel e enfiada em uma garra, que era então cuidadosamente selada e usada ou pendurada em um barco. As carapaças de caranguejos eram usadas em simpatias para se vingar de um amante infiel. Elas eram moídas até virar um pó, em seguida, misturadas na próxima refeição da vítima para garantir que o casamento continuasse feliz e o parceiro infiel retornasse. Olho-de-gato, ou conchas turbantes, eram utilizadas em simpatias contra o mau-olhado e também serviam para proteção.

Os nascidos com a cabeça envolta no âmnio teriam a habilidade de prever o futuro e eram imunes ao afogamento. Os âmnios eram frequentemente secos e vendidos a marinheiros, e a quem atravessasse os oceanos, como um amuleto mágico para proteger o usuário do afogamento. Vários amuletos de santos são usados para proteger marinheiros também, e a terra dos túmulos de certos santos os protegeria do mal. Em um ritual das ilhas Shetlands, aspirantes a bruxas iam para a praia à noite. Deitando-se na linha da maré, com a mão esquerda sob seus pés e a direita na cabeça, elas diziam um encantamento semelhante a esse três vezes: "O abominável mestre demônio levará o que está entre essas duas mãos".

As conchas – em geral, búzios e caracóis – eram utilizadas para proteger do mau-olhado, principalmente em crianças. Usavam-se também madeira, cortiça e boias de pesca de vidro (bolas de bruxa), que eram penduradas na janela de uma bruxa para capturar más energias e espíritos malignos. No entanto, elas precisavam ser observadas de perto quando usadas dessa forma, pois, se ficassem foscas ou manchadas, era um sinal de má sorte ou doença. Moedas de prata eram colocadas em boias de cortiça e oferecidas como pagamento aos deuses marinhos. Se a moeda desaparecesse, o pagamento teria sido aceito; se não, os deuses aparentemente não precisavam do pagamento ou oferenda.

As simpatias associadas à magia marinha variavam muito e relacionavam-se a todas as fases da vida, tanto na terra, como no mar. Em uma simpatia de uma bruxa de Orkney, três punhados de água do mar colocados em um balde e adicionados a uma batedeira de manteiga atrairão prosperidade e uma boa produção. Marinheiros usavam o couro e a pata dianteira direita de uma lontra como talismãs de proteção. Um feijão-de-maria ou castanha-do-pará, bem como pedras da bruxa brancas, eram considerados auspiciosos e trariam boas graças aos marujos. Marinheiros da Ilha de Man guardavam penas de uirapuru no bolso ou bolsas para afastar as sereias e as fadas. Em Clonmany, os habitantes levavam seu gado para o mar, perto de onde uma fonte sagrada escorria até ele. Na Escócia, o mesmo era feito com cavalos na maré do Lammas, possivelmente como um ritual de purificação ou limpeza. Um fio vermelho era usado na

Escócia para pendurar pedras de bruxa que afastavam o mau-olhado; no País de Gales, o âmbar era utilizado da mesma forma. Na Escócia, usava-se um colar de fio vermelho com um coral vermelho, além dos frutos da sorveira como amuletos de proteção.

Na Bretanha, ferraduras protegiam barcos e navios de duas formas. Uma ferradura pregada no mastro de um barco, com as pontas viradas para cima, trazia sorte e boa fortuna. Se as pontas estivessem para baixo, protegiam de espíritos malignos. Uma ferradura pregada no mastro de um navio era usada para protegê-lo dos feitiços das bruxas e trazer sorte. Eram utilizadas para proteger tanto as casas flutuantes como os navios que iam para o mar, e também eram colocadas na ponta das rampas do barco, para afastar os espíritos malignos dos barcos atracados lá. Hoje, podemos usá-las para proteger nossos carros – nossos navios terrestres. Pedras de bruxa podem ser utilizadas da mesma forma, em geral amarradas com um fio vermelho.

Bruxas escocesas usavam tigelas de madeira e conchas marinhas para realizar magia climática. Elas deixavam as conchas flutuarem na água na tigela e, então, mexiam a água para produzir condições de ventania. Em algumas áreas, gatos pretos também eram associados a tempestades e temidos por sua habilidade de trazer um tempo perigoso. Por outro lado, em Scarborough, as esposas de pescadores e marinheiros tinham um gato preto para garantir que seus companheiros ficassem seguros no mar. Por causa da crença de que bruxas viajavam no mar em cascas de ovos, dizia-se que elas davam sorte a marinheiros e acreditava-se que elas protegiam de feitiços e afogamento, quando carregadas no bolso. No País de Gales, pendurar um maço de algas marinhas na porta dos fundos afastava o mal; na Cornuália, maços de algas marinhas pendurados na chaminé protegiam a casa do fogo. Pescadores levavam sal para deter bruxas, enquanto conchas de ostras tinham atributos milagrosos e eram usadas no pescoço como uma cura para crupe em crianças.

Ouriços-do-mar – também chamados de pães das fadas, coroa do pastor ou pedras do trovão – ostentam um motivo parecido com um pentagrama na parte de cima e eram utilizados no trabalho mágico em Suffolk, ao serem colocados na cornija da lareira para garantir que nunca faltasse pão em casa. Às vezes, eles eram colocados em uma padaria para produzir uma boa oferta de pão. Também eram usados para proteger contra raios, impedir que o leite estragasse e para potencializar venenos. Os romanos os usavam como amuletos, e eles foram encontrados em túmulos e câmaras funerárias. Eles também foram utilizados para afastar espíritos malignos, proteger contra bruxaria e como um amuleto contra afogamento. Em Ânglia Oriental, eles eram empregados para proteger de feitiços malignos, pobreza e tempestades. Encontrar um era um sinal de boa sorte.

Feitiços e Simpatias do Mar

Feitiços e simpatias que trabalham com os poderes das águas oceânicas estiveram presentes em muitas culturas e tradições populares em todo o mundo. Muitas vezes, eles recorrem às propriedades das criaturas marinhas ou, então, esses feitiços são usados para proteger essas mesmas criaturas e os mares que habitam. Um bom exemplo disso é o feitiço utilizado para proteger golfinhos, apresentado no fim deste capítulo.

Golfinhos são uma espécie incrivelmente inteligente, reverenciada em muitas tradições. Inclusive, na Índia, os golfinhos receberam recentemente o *status* de humanos impessoais, para protegê-los de captura e morte. Infelizmente, em outras partes do mundo, eles ainda são caçados por esporte. Ficaram famosos por resgatar marinheiros que se perderam no mar ou de um naufrágio. Segundo uma história, um marinheiro acertou um golfinho com uma lança e, de repente, encontrou um homem aquático selvagem que o levou para outra terra. Lá, ele encontrou sua vítima, agora um cavaleiro, com a lança do marinheiro ainda fincada nele. O golfinho perdoou o marinheiro e, daquele dia em diante, os golfinhos foram reverenciados no mar. Ainda dá muito azar matar um. Na magia, eles são associados a comunicação, ecolocalização, som, respiração, criação, paixão, sexualidade, cura e manifestação.

A seguir, apresento apenas uma amostra de algumas das simpatias e de rituais realizados por bruxas marinhas para honrar e proteger o mar, e recorrer ao seu poder em sua magia.

- *Simpatia para capturar e soltar o vento*: Esta velha simpatia descreve marinheiros adquirindo nós de bruxas que capturavam o vento, para usá-lo enquanto estivessem no mar. Deve-se mergulhar nove vezes na água do oceano uma corda que tenha sido usada no mar e, em seguida, dar três nós durante um vendaval ou em um dia tempestuoso. O primeiro nó era enfeitiçado para produzir uma brisa suave, o segundo para produzir vento moderado e o terceiro para provocar um forte vendaval. Na Escócia, marinheiros às vezes adquiriam com bruxas especialistas em magia do ar ou do vento um lenço que foi preparado da mesma forma. O poder da simpatia está em capturar o vento nos nós da corda ou do tecido e armazená-lo para usar depois. Quando cada nó era desfeito, lançava seu poder, mas não poderia ser usado de novo. Então, os marinheiros tinham de adquirir uma corda ou lenço novos para as viagens posteriores – uma garantia de um bom emprego para bruxas especializadas em magia dos ventos.

- *Feitiço para banir:* Aldeões usam essa simpatia para se livrar de influências prejudiciais ou problemáticas e mandá-las para o mar. Eles repetem as palavras: "afaste-se de mim", acompanhadas das palavras "para o mar" três vezes.

- *Feitiço para impedir empresas de prejudicar a água:* Para impedir que empresas prejudiquem nossos oceanos, coloque o logo dentro de uma concha de mexilhão ou ostra. Embrulhe a concha com uma trepadeira, alga marinha ou rede de pescador. Na Lua Minguante, leve-a ao lugar onde três rios se encontram e enterre-a perto de onde eles se cruzam, pedindo para os espíritos locais ajudá-lo. Você também pode levar a concha para uma encruzilhada, de preferência ao lado de um cemitério, e deixá-la no centro. Em qualquer um dos casos, afaste-se e não olhe para trás.

- *Simpatia de proteção para viajar pelas águas:* Encontre uma concha de ostra ou vieira com as duas metades intactas. Dentro dela, coloque um fio do seu cabelo, uma granada e um pedacinho de âmbar e amarre tudo com um fio vermelho. Borrife a água-benta da sua preferência sobre a concha e a guarde na sua mala de viagem, bolso ou bolsa.

- *Feitiço com areia para proteção:* Feitiços com areia são fáceis e divertidos de fazer. Este feitiço usa areia mais escura ou cinza/preta para proteção. Um dia depois da Lua Cheia (a Lua Nova), junte sua areia negra e a coloque em um pote, enchendo de um quarto à metade dele. Coloque uma identificação ou imagem do que quiser proteger; para ter mais proteção, experimente adicionar algumas pedras pretas ou turmalina negra. Encha o pote até a boca com areia e o lacre com cera negra ou um pano preto. Deixe o frasco sob a energia da Lua Cheia por sete dias. Quando o pote estiver totalmente energizado, diga sua intenção sobre uma tigela de água do mar, enquanto mergulha o pote lacrado na água sete vezes.

- *Feitiço de cura para a água:* Muito de nossa água, hoje em dia, é poluída, e as criaturas que vivem nela estão sempre em perigo. Este feitiço poderoso pode ser usado em qualquer lugar para proteger e tomar conta de águas que precisem de proteção. Escolha um cristal de quartzo rolado e energize-o todos os dias sob a Lua Nova, enquanto ela cresce até ficar cheia. Você também pode sussurrar encantamentos de cura sobre a pedra e energizá-la com a energia da cura. Na Lua Cheia, leve a pedra ao oceano e entre na água, deixando que nove ondas passem por você. Jogue a pedra na água, recitando o seguinte encantamento:

  Espíritos do mar
  Estou aqui para vos ouvir;
  Com meu poder
  E minha vontade,
  Acalmarei essas águas
  E as deixarei paradas.
  Paradas para curar e acalmar,
  Curar para limpar, limpar para curar.
  Estas águas são sagradas, abençoadas,
  E correm limpas à vontade.

- *Feitiço com areia para cura:* Na Lua Cheia, encha um quarto ou metade de um pote com areia. Coloque a identificação e adicione pedras azuis ou brancas para cura – água-marinha, ágata azul rendada, calcita azul, selenita, pedra da lua arco-íris ou quartzo. Encha o pote com areia e lacre com cera azul ou um pano azul. Energize o pote sob a Lua Cheia por três dias – por todo o período da Lua Cheia. Depois, declarando sua intenção, mergulhe por nove vezes o pote lacrado em uma tigela com água.

- *Feitiço do mar para prosperidade:* Para este ritual, você vai precisar de uma bolsa de sereia (citada anteriormente). Escreva sua intenção em um papel, especificando o tipo de prosperidade que deseja e como quer obtê-la. Enrole o papel e coloque-o com cuidado dentro de uma casca de ovo. Pinte ou desenhe um símbolo na parte de cima, que represente a prosperidade – como a runa nórdica *Fehu,* por exemplo. Recite encantamentos, enquanto faz isso, e então feche a bolsa com água do mar. Coloque o amuleto no seu altar ou relicário e o energize de novo a cada ciclo lunar. As energias da bolsa de sereia se combinarão com a ferocidade do animal, o poder do selo, o simbolismo da casca do ovo e o poder das suas palavras pronunciadas, para criar um amuleto cheio de poder.

- *Feitiço da nona onda para cura:* Este é um feitiço rápido e eficaz para um trabalho suave de cura – o qual costumo usar para me recompor quando não estou me sentindo muito bem. Vá até a praia e entre na água, fundo o bastante para que nove ondas consecutivas lavem a maior parte de seu corpo. Conte as ondas enquanto sente seu poder de limpeza. Na nona onda, diga sua intenção e peça para ser curado.

Exercício: Como proteger os golfinhos

Para completar este rito, você vai precisar de:
- Uma vela preta (tente usar vela de cera de soja ou abelha e evite a parafina, por ser prejudicial ao meio ambiente).

- Fragmentos de conchas pontudos e afiados.
- Um saco de pano preto.
- Um pingente, foto, ornamento ou estátua de golfinho ou algum outro ícone que o simbolize.

Entalhe a palavra "golfinho" na cera da sua vela com o fragmento de concha. Se quiser proteger baleias, escreva isso, ou o nome de qualquer outra criatura. Quando estiver preparado para lançar o feitiço, leve a vela ao oceano e, deixando o pavio seco, mergulhe-a na água três vezes. Coloque a vela em um buraco pequeno na areia seca, fundo o bastante para proteger a chama da vela da brisa do mar. Enquanto ela queima, concentre sua intenção no oceano e nos golfinhos que vivem lá. Quando a vela terminar de queimar, coloque a cera derretida, a areia que a cerca e quaisquer outros fragmentos de conchas que encontrar na bolsa com o ícone do golfinho. Volte para a água e, com sua mão dominante, jogue água do oceano da terceira onda que o lavar na bolsa e envie sua intenção final. Leve o amuleto de proteção de volta para sua casa e coloque-o no seu espaço de trabalho. Energize-o e alimente sua energia regularmente.

Capítulo 7

Espíritos Aquáticos Locais

Os espíritos que habitam lugares naturais são chamados de *genius loci*, "espírito do local" ou "guardião do local", em latim. O termo é usado frequentemente para descrever a flora e a fauna locais e os espíritos que residem sobre ou dentro da água, refletindo uma visão animista de que tudo possui uma alma. Sabemos que a natureza tem muitos mistérios ainda aguardando para serem descobertos, e que as árvores se comunicam por meio de redes de fungos locais. Essas plantas e muitas outras sempre foram sagradas e desempenharam um grande papel no caminho da bruxa natural. Mas, enquanto as plantas retêm a energia da terra, a terra retém a água. E, sem água, não haveria vida. Os elementos da água e da terra estão, assim, intimamente ligados e dependem uns dos outros para sustentar todas as formas de vida. E, como há muitas plantas que crescem no solo ou ao redor de fontes de água, existem muitas histórias sobre espíritos aquáticos que vivem nas árvores ao longo de praias e nascentes sagradas.

Eu costumava me prender muito a ter a fórmula certa para um feitiço, ou trabalhar com as correspondências ou ferramentas naturais corretas. Mas quando comecei a explorar meu caminho a fundo, e fiquei mais confiante nele, descobri que essas eram apenas referências e contexto, não o trabalho em si. A coisa mais importante que podemos aprender com a natureza não são as listas de associações ou correspondências transmitidas a nós pelos outros; o fundamental é prestar atenção no *genius loci* – nos espíritos, nas plantas e nas criaturas que vivem lá. Livros ajudam muito e podem ser um ótimo lugar para começar. Mas bruxas precisam pôr a mão na massa e aprender com suas próprias experiências.

Quando trabalhar em seu ambiente local, verifique se é seguro e autorizado coletar plantas, pedras, areia e conchas que você pode precisar para seu ofício. Alguns lugares têm regras ou restrições rígidas quanto a coletar plantas, conchas e areia das praias, enquanto outros podem não ter nenhuma. É sempre importante obedecer às leis locais que, afinal, foram criadas para proteger o meio ambiente da região e preservar as belas praias, rios e lagos, não para as infringirmos em nossas liberdades mágicas. As dunas, por exemplo, podem estar fechadas para proteger as tartarugas que dão cria lá ou para preservar as plantas que são necessárias para impedir sua erosão.

É quase certo que haverá vários cultivos locais ao redor de sua fonte de água e é essencial "conhecer" suas plantas. Leve uma câmera quando explorar suas águas locais, tire fotos e desenhe a estrutura do tronco, das folhas e das flores das plantas que encontrar. Isso o ajudará a não misturar as plantas, o que pode ser perigoso. A erva chamada renda da Rainha Ana, que cresce bem no brejo, se parece muito com a cicuta d'água, que é venenosa. A cicuta também cresce bem ao longo do litoral e em terras úmidas. Leve consigo um guia de campo confiável, enquanto aprende a trabalhar com plantas, e faça várias viagens exploratórias antes de começar seus trabalhos – uma para observar, fotografar e desenhar, outra para coletar amostras delas e levá-las para casa para identificá-las, e outra ainda para juntar as plantas que você precisará para sua magia.

Se encontrar uma área onde a colheita seja permitida, é de bom tom pegar apenas um quarto de qualquer planta e nunca levar a última. Se não conseguir identificar uma planta específica, é melhor deixá-la onde está. Provavelmente ela não é a ferramenta, o espírito ou o medicamento mágico adequado para você naquele momento. Quando um espírito vegetal quiser trabalhar com você, ele se apresentará de formas estranhas e misteriosas! Leve uma oferenda consigo – talvez um alimento decente natural para os animais locais, se for permitido – com os seixos energizados, a água-benta com a qual estiver trabalhando e um saquinho para jogar o lixo.

Visita às Águas

Os praticantes de magia aquática devem desenvolver um relacionamento pessoal com a água. Por ser uma pessoa aquática, provavelmente você vai querer visitar as fontes de água ao seu redor, se já não tiver feito isso. Existem maravilhas naturais a nossa volta, em todos os lugares, e muitas fontes de água únicas. Mesmo nos desertos mais escaldantes, há fontes termais, cachoeiras e rios. Pesquise os tipos de fontes de água na sua localidade. Veja as praias, os poços sagrados, rios, lagos, fontes, lagoas e reservatórios, e descubra quais permitem visitantes e quando pode visitá-los. Examine suas regras e regulamentos e, então, planeje uma viagem para um ou para quantos quiser. Use o exercício a seguir para começar a se conectar com os espíritos aquáticos locais. Tente visitar tanto na Lua Cheia como na Nova, e programe uma meditação em cada vez que estiver lá. Leve algum tipo de oferenda, usando a lista de oferendas adequadas e éticas seguinte para determinar qual é melhor – alimento para as aves, flores para as águas ou outras oferendas orgânicas para os animais selvagens que habitam o lugar. No capítulo 9, você aprenderá como produzir elixires, águas florais, chás e hidrossóis, enfim, tudo aquilo que for bom como oferenda.

Mesmo se você levar as oferendas adequadas, no entanto, ainda precisará tomar certas precauções. Você tentará estabelecer um relacionamento de trabalho com um corpo d'água e precisará tirar água de lá no futuro; por isso, deve mostrar às águas que não está apenas tirando delas, mas que também está levando algo para o relacionamento. Passe um tempo limpando a área e cuidando da água, para demonstrar que você não está lá somente por seus próprios motivos egoístas e que se importa muito com os espíritos locais que vivem ali. Provavelmente, você lidará com uma fonte de água sagrada com uma longa história e muito poder. Não tente dominá-la. Em vez disso, estabeleça uma relação simbiótica com ela.

Leve um cobertor ou outra coisa para se sentir mais confortável no lugar. Levo uma cesta com cestos menores dentro dela, nos quais carrego minhas oferendas para a água. Se as águas estiverem dispostas e me deixarem levar coisas em troca, carrego-as para casa nessa mesma cesta. É importante considerar a palavra "sacrifício" aqui. Quando você tira coisas da água, ela está doando algo de si para você. Em troca, você deve doar um pedaço de si ou fazer algum outro sacrifício. Cabelo é uma boa oferenda, pois pássaros o usam para construir seus ninhos. Uma vez ofereci cabelo a um beija-flor, que o usou para reparar seu ninho. Foi incrível observar o pássaro trançar os fios finos para restaurar seu ninho e amarrá-lo delicadamente ao galho. Sacrifício é um conceito difícil, mas tem algumas lições muito importantes a nos dar. Lembre-se sempre de doar antes de receber e nunca pegue algo sem permissão.

Como Coletar Água

A água pode ser coletada em qualquer lugar. Mesmo nos ambientes mais secos, podem-se encontrar nascentes e reservatórios de água sagrados. Talvez você coletará água de uma fonte artificial na sua cidade favorita ou, ainda, de um poço em uma peregrinação sagrada. Tenho um pequeno frasco de água que coletei de uma fonte em Salem, que é uma das minhas ferramentas prediletas. Ou você pode coletar água de uma lagoa ou córrego vizinhos. Apenas tome cuidado com a água que coletar e coloque sua saúde em primeiro lugar. Se ainda não tiver um estoque de potes e garrafas, agora é uma boa hora para fazer um, pois terá de engarrafar diferentes tipos de água, poções e elixires.

Antes de começar a coletar água, você deve lembrar-se de algumas coisas e evitar outras. Lembre-se, não há uma única forma correta de coletar água de diferentes locais. Comece com um bom sistema de rotulagem. Cada um pode ter um método distinto, mas todos precisam saber o que tem em suas garrafas. Alguns gostam de escrever diretamente nos recipientes, outros usam adesivos, alguns apenas usam fita e uma caneta. Uso lindas etiquetas que eu mesma crio. Elas estão em branco, para que eu possa rapidamente pegar uma e identificar um recipiente, sempre que precisar. Não tem nada pior do que coletar água, não etiquetar e, então, ficar olhando para os potes por horas tentando lembrar qual é qual!

Bruxas aquáticas costumam coletar muitos tipos diferentes de água de fontes variadas. Um tempo depois, você perceberá que precisa de um armário para guardar seus elixires e águas diferentes. No fim, todas essas garrafas se parecerão; então, quando for coletar a água, leve etiquetas e caneta! Ajuda também registrar o local de onde a água foi retirada, o tipo de água, o dia e a hora em que ela foi coletada, o ciclo lunar, a hora planetária e quaisquer correspondências astrológicas auspiciosas. A água coletada de locais e em horas diferentes terá sua assinatura energética única. A água salgada é diferente da salobra, que é diferente da água de um lago congelado, que por sua vez difere da água coletada durante uma tempestade de raios e trovões. A água de uma cidade pode ser poluída, enquanto a água coletada durante um banho de sol no campo pode ser uma ferramenta útil na magia de cura. Água de nascente, por outro lado, pode ser engarrafada e usada em rituais e banhos, ou até para beber em alguns casos. Registre também quaisquer sentimentos, pensamentos ou correspondências que você tiver.

O tipo de pote ou garrafa selecionado também importa. Recomendo não guardar suas águas mágicas em plástico, pois muitas garrafas contêm BPA (bisfrenol A), conhecido por causar câncer. Sua magia merece um recipiente melhor. Potes e garrafas de metal são uma boa escolha, mas eles podem enferrujar. Na minha opinião, as garrafas de vidro são provavelmente os melhores tipos para colocar sua água, embora eu reconheça que, ao transportar água por longas distâncias em uma mala, ou enviá-la pelo correio, pode ser melhor usar garrafas de plástico temporariamente, por serem mais leves e resistentes. No entanto, transfira a água para o vidro assim que puder. Note também que, se usar um pote de conserva com uma tampa de metal, você pode cobrir a tampa com papel de cera ou não encher o pote até a boca, para a água não tocar no metal, pois ele pode enferrujar. Garrafas com tampa de cortiça são ótimas para armazenar água, mas não são boas para transporte. Como descobri, elas vazam e você pode perder sua carga preciosa.

Você pode descobrir também que, depois de um tempo, certos tipos de água ficam com lentilhas-d'água ou outras substâncias aquáticas verdes. Não se preocupe se isso acontecer – a água não está perdida! Você pode não conseguir bebê-la, mas ela ainda pode ser usada na magia. Tenho uma garrafa de água – provavelmente minha mais preciosa – com mais de cinco anos. Eu a coletei de Llyn y Fan Fach quando estava no País de Gales. Dirigi por três horas e, então, caminhei por mais três para chegar lá e agora não posso bebê-la. Mas ainda a uso para me conectar com as Gwragedd Annwn e a Dama do Lago.

Para coletar água, primeiro junte todas as oferendas votivas ou itens ritualísticos que você quer levar e, então, vá para seu corpo de água. Encontre um bom ponto para se conectar com a água e sente-se ao lado dela. Se for um poço, você pode se sentar perto dele. Se for o oceano, sente-se na praia. Se for um lago, você talvez encontre um bom lugar para sentar, que seja silencioso e distante de atividade. Se estiver quente, caminhe para a beira da água e conecte-se com a água. Observe todas as criaturas dentro e ao redor dela e analise a superfície. Ela está calma ou tem ondas? Quais tipos de plantas crescem ao seu redor? O que ela pode ensinar a você?

Depois de ter passado um tempo considerável conhecendo a água (e se for seguro e lícito fazer isso), faça uma oferenda aos espíritos locais. É importante não levar flores tingidas ou compradas em floriculturas, cheias de substâncias químicas, à água. Embora isso possa parecer um contrassenso, elas podem danificar a água e os espíritos que vivem nela. Se você cultiva suas próprias flores, ou conhece um lugar para obter flores limpas, naturais e sem substâncias químicas, leve-as à água! Tome cuidado, no entanto, porque centenas de flores espalhadas na água podem ser uma sujeira. E lembre-se de que a oferenda deve beneficiar o *genius loci*. Se não conseguir encontrar uma oferenda adequada, você pode cantar, entoar cânticos, bater tambor, ler um poema ou desenhar símbolos na areia. Aqueles que trilham o caminho das sombras podem oferecer osso, sangue ou cabelo. Em vez de colocá-los na água, como faziam os antigos celtas, talvez enterrá-los perto da água, mas longe o suficiente para não contaminá-la com fluidos corporais.

Depois de se conectar com a água e entregar suas oferendas votivas, volte para seu lugar silencioso, feche os olhos e entre em um estado meditativo suave. Use todos os seus sentidos para se conectar com a água – ouça, respire no ar, sinta o ar na sua pele. Agora, concentre-se no seu olhar mental e abra sua mente ao espírito da água diante de você. Deixe sua mente vagar pelas margens, sobre a superfície, abaixo da superfície e mergulhar nos locais mais escuros escondidos nas profundezas da água. Comece a falar com a água, conte aos espíritos de lá sobre si – quem é e o que pretende. Pergunte se eles querem se conectar com você. Peça para eles lhe mostrarem imagens ou as mensagens que quiserem compartilhar com você. Pergunte se eles começarão a trabalhar com você e se lhe permitirão levar consigo água ou outros objetos naturais encontrados na margem.

Se a resposta for sim, retorne para seu corpo e seu estado atual. Caminhe pela margem e veja se encontra algo significativo. Se a resposta for não, então você deve estabelecer mais confiança. Volte em outro dia e tente novamente ou talvez repense suas oferendas. Às vezes, os espíritos de um lugar apenas precisam de tempo para conhecê-lo e aprender a confiar em você, então tenha paciência e saiba que, em algum momento, eles trabalharão com você. Quando virem que você está disposto a fazer o trabalho duro, e não é como a maioria dos seres humanos que tenta explorar, poluir e abusar do meio ambiente, eles vão querer trabalhar com você.

Oferendas para a Água

Quase todas as práticas que cercam a magia e o trabalho espiritual encorajam ou demandam um sacrifício ou oferenda. A água nos deu tanto, que é apenas natural que queiramos dar algo em troca, claro. Antes da doação, contudo, é importante para nós, como bruxas, mergulhar fundo em nossos próprios poços pessoais de sabedoria e examinar nossos corações. Devemos ter a certeza de que as oferendas que doamos são oferendas votivas genuínas e benéficas ao meio ambiente.

Os celtas e nossos antepassados depositavam grandes oferendas na água – espadas, escudos, até carruagens. No entanto, seria claramente impraticável levar seu carro para dentro do lago local como uma oferenda para os espíritos aquáticos. Então, devemos considerar que nem todos os equivalentes modernos das oferendas votivas antigas sejam apropriados na nossa era. Tabuletas de maldição de chumbo, como aquelas encontradas no templo de Sulis, poderiam ser bem nocivas à vida selvagem local, se depositadas em um lago ou pequeno poço. Em vez disso, use tabuletas de argila natural (não sintética) que possam ser enterradas, devolvendo a terra à terra. Não introduza nada artificial nas águas ao seu redor.

Sugiro que estas três categorias diferentes de oferendas votivas devam ser consideradas, antes de se fazer qualquer oferenda às águas:

- *Oferendas de impacto positivo:* Este tipo inclui trabalhos que beneficiem o local e a vida selvagem – itens ou ações que apoiem a conservação dos mares, o amparo aos animais dos oceanos, a proteção da vida selvagem e até constranjam grandes corporações. Inclui também ações como limpeza de praias e rios, o resgate de animais presos e se apresentar como voluntário para ajudar a mitigar derramamentos de petróleo. Você pode até usar a cura energética com regularidade para energizar e curar as águas, ou fazer desenhos calmantes na areia ou arranjar pedras em padrões sagrados. Realizar feitiços de proteção para a água e as criaturas que vivem lá e criar poções de cura para o oceano também são oferendas significativas. Você pode até coletar água e trabalhar com ela por um ciclo lunar completo e, então devolvê-la como um presente. Esse tipo de oferenda foca os bons trabalhos e ações que beneficiam especificamente a água. A chave é não deixar nada para trás e deixar o lugar melhor do que como o encontrou. Esses tipos de oferendas podem ser feitas em qualquer momento.

- *Oferendas sem impacto:* Estas visam ter um impacto positivo energético, em vez de físico. Elas não deixam oferendas votivas ou objetos estranhos para trás, e usam apenas os objetos da natureza. Você pode coletar madeira flutuante, por exemplo, gravar símbolos sagrados nela, energizá-la com magia e então devolvê-la à praia. Isso não introduz nada prejudicial, mas oferece uma pequena mudança positiva ao ambiente local. Você também pode energizar pedras roladas não tingidas, como ágata, jaspe e quartzo, e deixá-las para ajudar na energia do local. Como essas pedras são encontradas em muitas fontes de água, não perturbará o equilíbrio natural de um lugar misturá-las às pedras encontradas naturalmente lá. Use sabedoria e não introduza pedras que tenham sido tingidas, passadas por tratamento térmico ou extraídas de forma não ética. Não utilize tintas, corantes ou substâncias químicas em nenhuma pedra ou madeira flutuante. Faça essa simples pergunta: isso prejudicará os animais, espíritos e plantas que vivem aqui? Se a resposta for não, vá em frente; se for sim, reconsidere.

- *Oferendas de baixo impacto:* São oferendas que deixam objetos estranhos como presentes aos espíritos de um lugar. Mas essas oferendas votivas não devem danificar de jeito nenhum a água e o ambiente ao redor dela. Essa categoria inclui coisas como efígies de barro, flores e pedras, como água-marinha e ametista, que podem não ser encontradas normalmente em uma área. Inclui também identificadores, como cabelo, panos ou papel cru, que sejam 100% naturais. Nunca escolha itens que contenham corantes, pesticidas ou substâncias químicas, ou que tenham passado por tratamento térmico. E nunca use plástico – *ponto*. É melhor levar uma oferenda ética natural do que um belo objeto de plástico e sofrer a ira dos espíritos aquáticos. Os seres humanos são muito bagunceiros, intrometidos e desrespeitosos. Se você quiser ser um aliado do *genius loci*, deve ser ajuizado e trabalhar para seu bem. É sua responsabilidade saber o que está adicionado à água e ao meio ambiente. Ignorância não é uma desculpa! Esse tipo de oferenda deve ser reservada para rituais, feitiços e dias auspiciosos especiais. Se não tiver certeza, poderá sempre pedir conselhos ao *genius loci*.

Exercício: Como escolher uma oferenda

Medite por um tempo. Que tipos de oferendas positivas ou sem impacto você pode dar com regularidade à água? O que tem tempo de criar? O que lhe dá prazer, mas também seja benéfica à água? Faça uma lista de oferendas que entrem nessas categorias e, então, trabalhe com seus espíritos locais para descobrir do que eles gostam mais.

Exercício: Como evocar e contatar espíritos

Evocar e contatar espíritos aquáticos é bem complicado. A primeira coisa a se levar em conta é que o trabalho deve ser realizado em um espaço purificado, consagrado e protegido. A seguir, você encontrará várias técnicas para purificação e para traçar círculos que podem ajudá-lo a preparar esses espaços.

Você também usará a técnica de enraizamento apresentada no capítulo 2 – antes e depois de trabalhar com qualquer tipo de magia. No caso do contato espiritual, pode-se traçar um círculo ou preparar um compasso para criar círculos de proteção. Como vimos, espíritos em geral podem ser bons ou maus, dependendo do espírito e do dia em que for contatado. Mesmo que você se conecte profundamente com um e trabalhe com ele há algum tempo, proteger-se é sempre importante. E isso vale tanto para as divindades judaicas como cristãs, que têm um longo histórico de violência.

Para contatar um espírito aquático, prepare primeiro seus itens, seu espaço e seu corpo para o ritual. Seu espaço deve estar limpo e os itens separados, e você deve ter tomado um banho. Isso também vale se você está trabalhando na natureza. Em vez de só tirar o pó de sua sala e santuários para o ritual, remova todo o lixo e entulho de seu espaço de trabalho externo. Depois, passe algum tempo no enraizamento e na blindagem (veja capítulo 2). Escolha seu método favorito.

Utilize sua água consagrada para purificar o espaço – usando talvez um método mencionado neste livro –, em seguida, trace um círculo. Se tiver um método preferido, use; se não, use uma das sugestões seguintes: fique de pé ou sentado em seu espaço sagrado purificado e comece a respirar ritmicamente para entrar em um leve transe. Isso pode exigir alguma prática ou treinamento adicional. Se quiser, procure um professor local em sua loja metafísica.

Quando sentir que alterou sua consciência, preste atenção ao seu olhar mental. É aí que você fará o primeiro contato com o espírito. Algumas práticas mais avançadas chamam o espírito ao plano mundano, enquanto, em outras, você cruza uma cerca ou passa por uma névoa para fazer contato. Neste exercício, você encontrará o espírito em um plano intermediário, que pode ser visto e com o qual você pode interagir na sua mente. Isso pode ser um precursor da viagem astral, então, mesmo se essa prática parecer simples, realizá-la aumentará seu conhecimento e o ajudará a passar naturalmente a outras práticas mais avançadas.

Se você se imaginar ao lado de um lago, rio ou oceano, mergulhe e explore os reinos subaquáticos. Talvez o espírito o encontrará na praia ou na sua sala de ritual. Passe um tempo aprendendo sobre o espírito. Qual seu nome? Esse é seu nome verdadeiro? Muitas vezes esses espíritos não revelarão seus nomes verdadeiros, pois isso lhe dá poder sobre eles. Leve isso em consideração no sentido contrário também! Como ele se parece? Está interessado em você? Que tipos de perguntas você fez? O espírito respondeu a alguma coisa?

Se não conseguir viajar para um corpo de água físico para realizar este exercício, lembre-se de que há água em qualquer lugar – até na pia da cozinha. Você pode segurar um frasco d'água, ou um punhado de areia da sua praia favorita, enquanto está sentado em seu espaço de ritual ou meditação, então, conecte-se com os espíritos aquáticos dessa forma. Pode precisar de várias tentativas ou ter sucesso logo de cara. Tente explorar tipos diferentes de água, talvez pedir a um amigo para enviar água de outra região ou país, ou de uma adorada praia da infância. Você pode também usar uma concha para se conectar com a água, se estiver preso à terra.

Capítulo 8

Sereias e Seu Povo

Como vimos em algumas lendas populares citadas nos capítulos anteriores, sereias são lindas – mas também podem ser perigosas. Elas costumam ser vistas à espreita na beira do oceano, perto de um rio ou em um lago calmo, esperando para atrair os homens para a morte. Em geral, elas não são associadas a fontes, mas Melusine foi uma exceção a essa regra.

Elas são criaturas fascinantes, capazes de gerar grande variedade de folclore em praticamente todas as culturas ao redor do mundo. Elas vão de seres marinhos com uma única cauda a sirenas com duas caudas, como Melusine – ou até espíritos com caudas de salmão, como Liban (veja a seguir). Elas são retratadas como santas e demônias. Muitas fadas e sereias foram, de fato, veneradas como santas – por exemplo, Santa Serena – e suas águas sagradas receberam o nome de santos. Há registros de sereias desde a Antiguidade e muitas são consideradas divindades ou semideusas. Elas são assunto das artes visuais, da música, da poesia. Pintores, como Waterhouse e outros pré-rafaelitas, bem como poetas, como Tennyson, retrataram essas belas criaturas aquáticas em suas obras artísticas.

Creio que a recente popularidade das sereias está enraizada diretamente no nosso consciente coletivo. Sabemos por instinto que elas existem, por isso tentamos formar uma conexão sólida com elas. Há aparições demais em grandes períodos de tempo e em muitas culturas para ignorar os relatos de sereias ou, apenas, considerá-los folclore. Os celtas, assim como os gregos e romanos, acreditavam muito nesses seres, que eram frequentemente registrados em contos populares passados de uma geração a outra, até os nossos dias.

O povo das sereias vive nas profundezas mais sombrias do oceano, distante da influência humana. Assim como o povo das fadas, eles se refugiaram além do véu, mas ainda podem passar entre este mundo e o Outro, embora isso raramente aconteça hoje. Esses espíritos aquáticos eram tão importantes aos celtas, que tanto os romanos como os cristãos não conseguiram apagá-los completamente da consciência popular. Então, apenas tentaram reestruturar as histórias e fazer de muitas delas parte das novas culturas e religiões levadas por eles.

Alguns desses seres adotam o visual clássico de uma sereia, enquanto outros podem ostentar corpos escamosos e pele verde, ou serem translúcidos. Além disso, nem todos os espíritos aquáticos podem ser classificados como sereias ou tritões. Também é importante notar que muitos contos populares descrevem esses seres como malignos, maliciosos ou egoístas – principalmente aqueles que cabem na descrição clássica de sereias ou fadas do lago. Até os românticos pré-rafaelitas retrataram sua natureza aquática como bela e mortal, como se vê em *La Belle Dame sans Merci*.

É verdade que há alguns relatos de sereias capturadas que concederam desejos. Mas elas também têm um longo histórico de afundar barcos e levar os homens às profundezas das águas. Por outro lado, temos histórias de Damas do Lago boas e sereias como Melusine, que ajudava muito aqueles que amava, assim como a Dama do Llyn Y Fan Fach (veja capítulos 3 e 4). Da mesma forma, as Gwragedd Annwn se interessavam pela cura e ajudavam a alimentar vilas com o leite de suas vacas encantadas. Eu mesma acho perigoso, no entanto, ignorar o folclore e as referências históricas e fazer tentativas ingênuas de interagir com as sereias. Um passo errado e elas podem provocar danos e o caos.

Nossa obsessão com sereias continua até hoje. Alguns compram caudas caras para usar na água, ou adornam-se com fofas flores de plástico e biquínis de conchas das cores do arco-íris. Embora isso possa ser divertido, no entanto, não uma forma de se transformar em uma sereia. Sereias, Damas do Lago e outros seres aquáticos pertencem ao plano espiritual, muitas vezes ao mundo das fadas, e vontade nenhuma de ser uma sereia transformará alguém em uma. Elas são espíritos reais e individuais que vivem nos reinos do Outro Mundo. Não vestem maiôs nem biquínis de conchas – e, definitivamente, não usam flores de plástico! Embora se vestir de sereia possa ser divertido no Dia das Bruxas, você não pode se tornar uma ou outro ser aquático mais do que eles podem se tornar humanos. Temos naturezas diferentes e devemos honrar as duas.

No entanto, pode ser que você consiga trabalhar com esses espíritos, ou até tomar um como um amor ou companheiro espiritual. Lembre-se sempre de que há seres aquáticos bonzinhos e há alguns que tentarão machucá-lo na hora. Assim como outros espíritos e seres feéricos, o povo aquático tem uma grande variedade de níveis vibratórios e pode escolher fazer o bem ou o mal. Na verdade, alguns são sempre perigosos, outros sempre bons e outros, ainda, podem ser as duas coisas, dependendo do dia. Então, você deve sempre tomar o cuidado de não ofender esse povo aquático.

Contos do Mundo Aquático

A seguir, há uma breve introdução à grande variedade de seres aquáticos, divindades, cavalos-d'água e sereias que povoam os contos populares do mundo aquático. Depois, você aprenderá formas de trabalhar e de se conectar com eles com a clássica técnica de espelho e pente, na praia, ou com técnicas mais modernas de meditação e banhos sagrados.

- *Sereia de Skye de MacMhannain:* Um dia, essa sereia da ilha de Skye foi capturada por um homem e mantida em um tanque por 12 meses. Ela teria compartilhado segredos estranhos com ele.

- *A Sereia de Eilein Anabaich:* Essa sereia que concedia desejos foi capturada por um aldeão em uma rocha. Ela lhe concedeu três desejos em troca de sua liberdade. O homem desejou ser um habilidoso fitoterapeuta, ter o dom da profecia e uma bela voz. Os primeiros dois desejos foram concedidos. Quanto ao terceiro, embora ele pensasse ter uma bela voz, outros não concordavam com isso.

- *A Sereia Liban:* Na mitologia celta, Liban é a bela irmã da rainha fada Sidhe e da deusa marinha Fand. Liban e sua irmã

Fand assumiram a forma de aves marinhas e foram derrubadas pelo herói Cuchulainn. Como vingança, as irmãs encontraram Cuchulainn dormindo e o atormentaram com uma estranha doença que médico nenhum conseguia curar. Na mitologia irlandesa, Liban e seu cachorro de estimação foram levados em uma grande enchente e encontraram abrigo em uma caverna subaquática. Ela viu peixes nadando ao seu lado e suplicou para se tornar um salmão para que ela também pudesse nadar para longe. Sua súplica foi ouvida e ela se transformou em uma sereia – metade salmão e metade ser humano. Ela viajou pelos mares com seu cão por 300 anos até, um dia, ser capturada em uma rede por um homem santo. Ela pôde escolher entre viver por mais 300 anos ou ir direto para o céu. Reza a lenda que ela escolheu a segunda opção.

- *A Sereia de Zennor:* Esta lenda vem da segunda metade do século XIX. Bancos esculpidos e motivos na igreja paroquial local na Cornuália retratam uma sereia com duas caudas e outra com um espelho e um pente. É interessante notar que o banco foi construído nos século XVI, então é possível que a história seja ainda mais antiga, mas só foi documentada muito depois. Mas, o que uma sereia fazia em um banco em uma igreja da Cornuália no século XVI? Reza a lenda que, num dia, uma sereia ouviu os sinos da pequena igreja tocando e cantos emanando de suas portas. Ela ficou tão enfeitiçada pela música, que se esgueirou para ouvir. Um jovem, chamado Matthew, tinha uma voz tão linda, que ela se apaixonou por ele na hora. Matthew seguiu a sereia por vontade própria até o oceano, onde eles desapareceram nas ondas e nunca mais foram vistos novamente. Muitos anos depois, um capitão do mar encontrou a sereia, que lhe disse que ela ainda vivia sob as ondas com Matthew e seus filhos. É possível que ela seja a Santa Senara, cultuada na mesma vila.

- *O Velho de Cury e a Sereia:* Um velho caminhava, certa vez, entre as angras da Península Lizard, talvez em um estado meditativo provocado pela natureza liminar do local. Enquanto caminhava, ele viu uma linda donzela do mar, que encalhou durante a mudança da maré. Ela implorou para o velho carregá-la de volta para o mar e prometeu que, se assim ele fizesse, ela lhe concederia três desejos. O velho a levantou e colocou-a nos ombros. Enquanto ele caminhava até o mar, pediu três poderes: quebrar os feitiços da bruxaria, afastar doenças e expor bens roubados e ladrões. Ela prometeu ao homem cada um deles, mas lhe disse que ele deveria voltar em um dia e maré específicos, quando o encontraria e o instruiria nos métodos dos magos. Ela então lhe deu um pente de seu cabelo (poderia ter sido uma concha, um pente artesanal ou um focinho de peixe-serra) e o instruiu a chamá-la penteando as águas.

- *A Noiva Selkie:* Era uma vez um homem chamado Neil Mac Coddrum, que cavalgava pela costa, quando avistou um grupo de belas mulheres nuas. Enquanto desfrutava da visão, ele tropeçou em um galho, alertando as mulheres da sua presença. Elas correram para uma pilha de mantos de pele, vestiram-nos e mergulharam no mar. Mas Neil conseguiu capturar a última delas, agarrando seu casaco de peles, antes de ela se vestir. Assim capturada, ela tinha de viver com ele e tornar-se sua esposa. Ela lhe deu um filho e uma filha, ambos com pés e mãos palmados. Eles viviam tranquilos na costa até, um dia, os filhos levarem para sua mãe selkie um manto de pele que tinham encontrado. Ela percebeu na hora que era o dela. Falando aos filhos que ela tinha de sair, a sereia o vestiu e mergulhou no mar. Seu marido ficou deprimido, mas seus filhos ainda podiam ouvi-la cantar em algumas noites, chamando-os para se juntar a ela nas ondas.

- *O Roane:* Embora a maioria das histórias a respeito das selkies seja de mulheres, essa conta sobre um roane ou selkie macho. Um caçador que capturava as focas em armadilhas para tirar sua pele estava prestes a matar uma quando perdeu sua faca nas ondas. A foca conseguiu fugir. Mais tarde, naquela noite, ele ouviu uma batida na porta. Quando respondeu, viu outro homem que lhe disse onde ele poderia encontrar muitas focas, mas que deveria acompanhá-lo até lá. Quando eles chegaram ao local, ambos foram transformados em focas e mergulharam no mar. Nadaram até onde a foca ferida estava e lá encontraram a faca do caçador. Ele foi instruído a curar o ferimento do animal, desenhando um círculo ao redor dele e colocando sua nadadeira sobre ele. Depois de curar o animal, o caçador jurou nunca mais machucar ou caçar focas.

Espíritos do Povo do Mar

Os contos envolvendo seres marinhos são numerosos e encontrados em quase todas as culturas. Alguns deles – como Melusine, Cerridwen e a Fada Morgana – nós já conhecemos. Seleciono, seguir, outros espíritos aquáticos encontrados frequentemente na tradição popular.

- *Asrai* ou *Ashray*: Donzelas aquáticas escocesas, cujas descrições variam de pequenas e fortes a altas e magras. São descritas às vezes como translúcidas e fantasmagóricas. Podem viver apenas na água e nunca põem os pés na terra. São noturnas e transformam-se em uma poça sob a luz solar.

- *Homens Azuis de Minch*: Criaturas marinhas que vivem em cavernas subaquáticas no canal Minch, um estreito na costa da Escócia. São descritos como criaturas que adotam a forma de um homem, mas têm pele azul. Eles eram vistos com frequência nadando junto a barcos, e tinham a fama de atrair marinheiros para a água e provocar tempestades para naufragar navios e barcos de pesca. Eles testavam um capitão para ver se ele conseguiria salvar seu navio resolvendo enigmas e charadas. Em algumas descrições, eles apresentam mais tons de cinza do que azul e, em alguns casos, são retratados com asas.

- *Lir, Llyr e Manannán mac Lir:* Deuses irlandeses e galeses do mar. É possível que eles sejam a mesma divindade, com apenas pequenas variações na ortografia e uma história um pouco diferente. Lir é conhecido como a personificação do mar, enquanto Manannán mac Lir é o filho do mar e considerado um psicopompo. Por isso, ele é associado ao esmaecimento do véu entre os mundos, bem como o Outro Mundo celta. Possuía vários itens mágicos – uma espada poderosa chamada Fragarach (Resposta), um manto da invisibilidade (ou manto de névoas), uma taça mágica que quebrava quando três mentiras eram contadas e um capacete flamejante. Ele também possuía uma bolsa mágica, feita de pele de garça, sem fundo, que continha uma camisa, uma faca, uma foice de ferreiro, um cinto de Goibniou, a tesoura do rei da Escócia, o capacete do rei Lochlann, um cinto de pele de peixe e ossos de porco. Ele teria tentado o rei irlandês Cormac mac Airt com um ramo prateado com nove maçãs. Alguns acreditam que a ilha de Man tenha esse nome por sua causa e que ele esteja ligado com a figura galesa Manawydan fab Llyr.

- *Merros:* Também chamados Moruadh ou Murúghac, em gaulês. Eles são espíritos selvagens vistos na costa por pescadores. Sua presença costuma indicar a chegada de ventos fortes. As mulheres são descritas em geral como belas, mas também foram vistas no formato de uma vaca sem chifres, ou cobertas com escamas, com um chapéu vermelho. Os homens têm dentes e cabelos verdes e nariz de porco.

- *Nechtan:* Deus celta da sabedoria. Sua esposa (ou filha, dependendo da história) é Boann (veja o capítulo 2), por isso, ele é associado ao rio Boyne. Ele tinha três porta-copos que o ajudavam a mover o poço da sabedoria, que era cercado por nove aveleiras. Os frutos das árvores, quando caíam no poço, garantiam sabedoria a quem os ingerisse.

- *Nodens:* Um deus celta, também reconhecido pelos gauleses, associado ao mar, à caça e aos cachorros. Ele era cultuado em um complexo de templos encontrado em Glouchestershire. Os romanos o associaram a Marte, e ele está ligado ao irlandês Nuada e ao galês Nudd, que era filho de Beli Mar e pai de Gwyn ap Nudd.

- *Santa Senara:* Princesa bretã, que originalmente se chamava Asenora. Era descrita com uma "reputação dúbia", mas posteriormente convertida ao Cristianismo. Ela se casou com um rei bretão que a acusou falsamente de ter um caso. Como punição, o rei a jogou no mar grávida e presa em um barril. Ela foi visitada por um anjo e deu à luz um filho, enquanto montava as ondas. Mais tarde, ele se tornou Santo Budoc. Ela então foi levada pelas águas até a costa da Cornuália e acredita-se que a vila de lá recebeu seu nome. Sua história é muito parecida com a de Dânae e Perseu. Ela é venerada pelos pescadores locais, mas, durante a era medieval, era vista como um símbolo da luxúria e dos "pecados da carne".

- *Selkies:* O povo foca, conhecido por aqueles das ilhas britânicas como criaturas metade foca, metade ser humano. São descritas como muito belas e representadas com cabelos e olhos castanho-escuros. Conseguiam tirar sua pele, transformar-se em seres humanos e andar pelas praias. Assim como outras fadas, lendas contam que elas podem acasalar com homens e ter filhos humanos. São mais encontradas nas Ilhas Orkney, mas são famosas em toda a Escócia.

- *Shellycoat:* Espírito aquático que entra na classificação de Urisk (veja adiante), mas Walter Scott o descrevia como um tipo de fantasma. É encontrado na costa leste da Escócia e descrito como o espírito de um homem excêntrico, coberto de conchas e outros animais marinhos. Ele costuma ser apresentado como uma criatura masculina, e é visto na praia ou provocando o mal em um leito de rio. Ele foi avistado no Leith e no Ettrick, na Escócia, mas também é encontrado em outros lugares na costa leste da Bretanha. Há relatos de um espírito particularmente maldoso que perseguia os viajantes perto da foz de um rio. Diziam também que ele assombrava a Antiga Casa de Gorrinberry, no rio Hermitage, em Liddesdale. Quando ele anda, as conchas que o cobrem se chocam, fazendo um som que anuncia sua presença. Na margem do Leith, meninos davam três voltas no espírito ou na pedra em que ele vivia cantando enquanto corriam:

Shelly-coat, Shelly-coat,
Vá embora,
Não tremo por sua misericórdia,
Não temo seu nome.

- *Shony*: Deus marinho cultuado em meados do século XIX pelo povo de Lewis. Na noite de uma maré rasa, uma caneca ou copo de cerveja deveria ser jogado no mar como uma oferenda, para garantir uma boa colheita marinha. Ou então, no dia de Brígida, o primeiro dia da primavera, os gauleses faziam oferendas à terra e ao mar. Derramava-se leite no chão e os pescadores faziam um mingau e o jogavam no mar, para garantir uma pesca farta e uma boa colheita de algas marinhas para fertilizar o solo. Pode ser que essas práticas continuem na ilha.

Além desses, há muitos outros seres aquáticos que aparecem em contos e lendas. Alguns deles – como Jenny Dentes-Verdes, *korrigan*, *cailleach*, *kelpies* e as Gwragedd Annwn – nós já conhecemos, com cavalos e touros-d'água e vacas encantadas. Entre os outros estão:

- *A Dama do Lago*: Espírito feérico visto muitas vezes perto de rios, canais e nascentes.
- *Adsullata*: Deusa das nascentes sagradas, às vezes associada a Sulis.
- *Aonbarr*: Cavalo-marinho mágico de Manannan, considerado um cavalo-d'água útil e benigno.
- *Argante*: Uma das Damas do Lago arturianas.

- *Aughisky:* Um malvado cavalo-d'água escocês.
- *Barinthus:* O barqueiro que leva o Rei Artur a Avalon.
- *Ben-Varrey:* Criaturas parecidas com sereias que seduzem os homens até suas mortes em volta da Ilha de Man.
- *Borvo e Bormana:* Divindades celtas cultuadas na França e associadas à água mineral.
- *Brianniul:* Uma divindade marinha semelhante a Shoney.
- *Bridhid ou Brígida:* Divindade irlandesa, mais tarde transformada em santa. Assim como Sulis, é associada ao fogo e a chamas, bem como a fontes minerais e poços sagrados. Uma deusa da cura, às vezes associada a vacas, ervas e nascimento; ela emerge mais tarde em Glastonbury em sua forma santificada.
- *Brigantia:* Deusa associada ao rio Brain, ou Brent, também chamada de Brechin e Bregenz. Pode estar ligada a Brígida.
- *Bucca Gwidden:* Ser feérico aquático da Cornuália, considerado originalmente um deus, cujo nome significa "espíritos brancos".
- *Cabyll-Ushtey:* Um cavalo aquático maligno e perigoso da Escócia, que se alimenta de seres humanos ou cavalos, deixando apenas seus fígados.
- *Ceasg:* Um tipo de sereia encontrado na Escócia, com a cauda de um salmão, em vez da cauda clássica das sereias. É considerada perigosa.
- *Cliodhna:* Rainha irlandesa das Banshee, que foi atraída de volta ao Outro Mundo por uma onda invocada por Manannan. A terceira onda em uma série, às vezes, é chamada de "onda cliodhna".
- *Clota:* Deusa galesa do rio Clyde.
- *Condatis:* Deus do rio Wear, localizado no Condado Durham, também associado à cura na Gália.

- *Damona:* Consorte de Apolo Borvo e Apolo Moritasgus, cultuada tanto por gauleses como por romanos. Seu nome pode estar associado à Vaca Divina.
- *Deva:* Deusa do rio Dee.
- *Dian Cecht:* Deusa irlandesa da cura, associada à nascente da cura ou ao poço chamado Slane, perto de Magh Tuireadh, e também relacionada ao rio Barrow.
- *Domnu:* Uma deusa de Fomoria, uma terra farta habitada por gigantes deformados. É associada a profundas energias primordiais da água e da sabedoria. Era semelhante a Danu.
- *Dylan Eil Ton:* Deus marinho galês, cujo nome significa "filho negro da onda". Era filho de Arianrhod e Gwydion, e irmão gêmeo de Lleu Llaw Gyffes.
- *Each-Uisge:* Cavalo-d'água escocês que vive nos *lochs*.
- *Fee des Houles:* Seres feéricos marinhos que vivem nas cavernas da Bretanha.
- *Fiachra:* Rei irlandês dos seres feéricos ocidentais.
- *Gioga:* Rainha escocesa dos trolls marinhos.
- *Glaistig Uaine:* Duende feminina aquática escocesa, que usa um vestido verde, com um capuz abaixado. Sua pele é cinza e o cabelo, amarelo. É retratada às vezes como metade cabra, metade mulher. Assombra rios, *lochs*, lagos e lagoas. Em alguns relatos, é considerada um meio-termo entre seres humanos e fadas; em outros, desempenha um papel semelhante ao de Bean-Sidhe.
- *Grannus:* Divindade solar celta, associada a fontes termais e minerais.
- *Groach Vor:* Um tipo de sereia encontrado na Bretanha.
- *Gwenhidwy:* Pastora galesa e sereia das nove ondas. As primeiras oito ondas escumosas são suas ovelhas, a nona é seu carneiro.

- *Gwrach y Rhibyn:* Figura parecida com uma velha com membros deformados, unhas e dentes negros, e grandes asas semelhantes às de morcego.
- *Gwyn Ap Nudd:* Rei feérico e regente de Annwn, que vive embaixo de Glastonbury Tor e guarda a Fonte Branca.
- *Haaf-fish:* Um tipo de selki encontrado nas ilhas Orkney.
- *Hakenmann:* monstro que vivia na costa setentrional da Alemanha; tinha o corpo de um peixe e a cabeça de um homem.
- *Kelpie:* Cavalo-d'água escocês chamado muitas vezes de "demônio aquático traiçoeiro", um cavalo sem cavaleiro que assombra o Locky Loch e o Canal Caledônia. Quando alguém o monta, ele mergulha fundo nas águas frias e não deixa a pessoa sair, e ela se afoga nas profundezas.
- *Luchorpain:* Duendes aquáticos irlandeses.
- *Luxivuys:* Deus de uma fonte termal em Luxeuil, França. Cultuado por gauleses e romanos.
- *Mal-de-mer:* Tipo de criatura feérica aquática encontrada na Cornuália, que provoca naufrágios e coleta as almas dos afogados.
- *Mara-Warra:* Sereias irlandesas com muitas riquezas e várias moradas no submundo.
- *Mari Morgan:* Sereia celta encontrada nas ilhas britânicas.
- *Mary Player:* Sereia inglesa que afundava navios, nadando três vezes em volta deles.
- *Matrona:* Deusa-mãe associada ao rio Marne.
- *Mither Aquático* ou *Mither do Mar:* Espírito aquático escocês originário de Orkney, que cavalga um cavalo-d'água maligno até as profundezas do oceano e luta contra seu inimigo, Teran, todos os anos. *Mither* é uma variante escocesa da palavra "mãe".

- *Morgawr:* Serpente marinha gigante, muito encontrada à espreita nas águas da Baía Falmouth.

- *Muireartach:* Serpente ou fada marinha escocesa que aparece como uma velha caolha.

- *Murdhuachhas:* Fada marinha irlandesa com uma cabeça de foca.

- *Nehalennia:* Deusa germânica ou celta associada ao rio Reno e ao Mar do Norte. É retratada com motivos marinhos, cães e navios.

- *Niamh:* Filha de Mannan mac Lir, cujo nome significa "Brilhante" ou "Radiante". Dizem que ela cruzou o mar em um cavalo mágico.

- *Nix ou Nixie:* Espíritos aquáticos alemães que se transmutavam e costumavam aparecer em muitas formas diferentes. "Nixie" designa o feminino, "Nix" é o masculino. Também eram chamados Neck ou Nokken, e as femininas eram denominadas Damas do Rio. Adotavam várias formas e, às vezes, lembravam *kelpies* ou cavalos-d'água.

- *Nuggle:* Um tipo de cavalo-d'água das ilhas Shetlands.

- *Sequana:* Deusa gaulesa do rio que vive no rio Sena, na França. Ela foi associada principalmente à nascente que alimenta o rio, onde foi encontrado um santuário de cura do século I a.C.

- *Shoopiltees:* Pônei aquático de Orkney.

- *Sinann ou Siannan:* Deusa irlandesa do rio Shannon.

- *Souconna:* Deusa do rio Saône, na França.

- *Tangie:* Um malvado cavalo-d'água escocês.

- *Tarroo-Ushtey:* Touro d'água da Ilha de Man. É considerado perigoso.

- *Tegid Foel:* Divindade galesa, marido de Cerridwen. Associado ao Lago Bala (Llyn Tegid).

- *Trows marinhos:* Criaturas parecidas com selkies, ligadas com o clima. Se um deles for morto ou ferido, virá uma grande tempestade. Em Shetland, esse é o nome para as sereias.
- *Uilebheist:* Monstro marinho gaulês de muitas cabeças, encontrado perto da Escócia.
- *Urisk de Ben Doran:* Espírito selvagem associado a uma cachoeira em Ben Doran.
- *Verbeia:* Deusa britânica/romana do rio Wharfe, cujo único santuário fica em Ilkley.
- *Wachilt:* Deusa marinha reconhecida tanto pelo povo celta quanto pelos germanos. Era uma deusa selvagem que parava navios. Também era descrita como uma bruxa ou uma gigante marinha, e como a mãe do lendário mestre ferreiro, Wayland Smith.

Animais Aquáticos

As águas da terra são o lar para inúmeras espécies, algumas das quais desempenham um papel importante na magia aquática. Algumas delas – como golfinhos, sapos e lagostas – nós já conhecemos. Aqui estão alguns outros cujos poderes você pode utilizar em seus trabalhos:

- *Caranguejos:* Esses crustáceos estão associados ao signo de Câncer, um signo cardinal de água. Aparecem em muitas variedades, do caranguejo de veludo ao aranha, passando por caranguejos-eremita e aqueles com grandes pinças que costumamos ver. Suas patas são usadas magicamente para proteção. As conchas desprendidas pelo caranguejo-ermitão podem ser ferramentas excepcionais para proteção e invisibilidade. Caranguejos nos ajudam a controlar nossas atitudes e emoções, por estarem fortemente associados à lua e ao oceano, e também carregarem essas energias. Podem ser usados em feitiços para crescimento, renascimento, proteção, blindagem, clareza, recolhimento, ciclos, visão, sensibilidade e sentimentos feridos.

- *Cavalos-marinhos:* Eles são criaturas incríveis, que irrompem às centenas de uma bolsa de cavalo-marinho, depois de serem chocados pelo macho da espécie. Eles são bem "sobrenaturais" em seu formato e na forma como se movem. Por serem considerados talismãs de proteção em alguns lugares, eles são secos e pendurados em casa ou carregados. Em alguns casos, pequenas contas feitas de vidro, principalmente azuis, são adicionadas ao talismã, para afastar mau-olhado e fortalecer o amuleto.

- *Cisne:* Você provavelmente conhece bem os cisnes da história do patinho feio. Eles estão relacionados à transformação – transformação do "pato feio" para uma das mais belas aves. Os celtas associavam o cisne ao sol e a "uma nova aurora", mas também acreditavam que as almas muitas vezes tomavam a forma de um cisne quando viajavam para o Mundo Inferior, continuando, assim, o tema da evolução ou mudança de forma. Cisnes são criaturas liminares que podem transportar o povo mágico para outros reinos – em geral, subaquáticos.

- *Gaivotas:* São associadas a comunicação, comportamento afável, expressão, responsabilidade, dieta e estímulos. Como essas aves estão intimamente ligadas com as praias e têm uma tendência de limpá-las ingerindo e removendo entulho, elas podem ser aliadas poderosas na higienização de praias. No entanto, como nossas águas e praias ficaram bastante poluídas, elas morrem muitas vezes pela ingestão de plástico e outras substâncias tóxicas. No País de Gales, acreditava-se que as gaivotas poderiam ajudar a prever o tempo.

- *Garças e garças-reais:* Essas majestosas, belas e gentis criaturas são meus pássaros favoritos. Elas caminham entre mundos, conseguem navegar por ar, lama e água. Vivem dos pequenos peixes em oceanos e pântanos. Elas nos lembram de ficarmos firmes, fortes e defendermos aquilo em que acreditamos.

Costumam ser vistas no entardecer e na aurora. Por esse motivo, bem como por sua capacidade de viver em elementos variados, eu as considero grandes aliadas para *hedge riders*, aquelas que atravessam o portal para o Outro Mundo. Podem ser usadas na magia relativa a equilíbrio, progressão, evolução, seguir seu próprio caminho, sabedoria, intuição, determinação, busca de oportunidade, enraizamento, estabilidade e liminaridade. Elas também aproximam os mundos e são um símbolo de equilíbrio.

- *Lontras:* Diversão, felicidade, curiosidade, despertar, prazer e imaginação são as características dessa pequena criatura aquática. Elas costumam ser bem maternais e navegam as águas com naturalidade e graça. Se você tiver a oportunidade de observá-las, verá que são criaturas incríveis que escorregam, giram e deslizam pelas águas.

- *Salmão:* Esse peixe fascinante era considerado sagrado por muitas culturas, e representa o ciclo da morte e do renascimento. O salmão é uma criatura muito forte e resiliente, que nada contra a corrente para desovar, descendo o rio depois disso. Quando os filhotes estão crescidos e prontos para desovar, eles nadam contra a corrente até o lugar onde começaram, escalando muitas vezes corredeiras brancas e arremessando-se sobre as margens para perpetuar o ciclo de morte e renascimento. Na tradição celta, o salmão aparece em histórias sobre Cerridwen e na história do rei pescador, na qual representa a sabedoria e está intimamente ligado com a avelã. O salmão pode ser usado na magia relacionada aos ciclos de vida e morte, força, ir contra a corrente, viajar para casa e sabedoria.

Outros animais aquáticos e suas associações são:

- *Água-viva*: Proteção, flutuabilidade e transparência.
- *Baleias:* Antigo símbolo da criação, auxílio na blindagem, refreamento, segredo, inspiração criativa profunda, nutrição,

pegar o caminho mais lento, e sentimentos e situações que são maiores do que a vida.

- *Choco:* Mestre do disfarce, da mudança de forma, da transformação e dos esconderijos.
- *Enguias:* Mudança de forma, transformação, sexualidade masculina, defesa, batalha, guerreiro e trovão.
- *Estrela-do-mar:* Resiliência, regeneração e perseverança.
- *Focas:* Equilíbrio, hora dos sonhos, força criativa, foco e imaginação.
- *Libélulas:* Transformação, novas perspectivas e metamorfose.
- *Patos:* Autoestima, conforto, graça e flutuar em águas calmas ou turbulentas.
- *Polvo:* Fuga de situações difíceis, proteção, pensamento rápido e misturar-se com seus ambientes.
- *Serpentes d'água:* Renascimento, ressurreição, sabedoria, cura, alquimia e abandono de velhos hábitos.
- *Tartarugas:* Longevidade, despertar, bênçãos, pegar o caminho mais lento, blindagem, proteção e novas perspectivas.
- *Tubarões:* Desenvolvimento dos sentidos, jornadas, exploração das profundezas, destemor, autoridade, poder e proteção.

Magia do Espelho e do Pente

Por todo o globo, da Europa à África e do Japão à América do Sul, sereias foram retratadas segurando pentes e espelhos. Na história do velho de Cury e da sereia, vemos que um espelho pode ser usado para invocar uma sereia, se estiver bem encantado. Cecil Williamson, fundador do Museu da Bruxaria e Magia, sugere que os espelhos de sereia utilizados na Bretanha eram na realidade focinhos de peixe-serra. Eles eram usados para traçar desenhos na areia para preparar espaços sagrados, nos quais ossos poderiam ser jogados.

Embora muitas fontes associem os espelhos das sereias à vaidade, sugiro que seus espelhos e pentes tinham um propósito mais mágico. Os pentes eram usados como ferramentas mágicas para invocar espíritos, enquanto os espelhos – e, por extensão, as superfícies vítreas de poços e lagos – tornaram-se símbolos do Outro Mundo e agiam como portais.

Sabemos que espelhos podem agir como portais – como atesta Alice, que entra no País das Maravilhas atravessando um espelho em *Alice através do Espelho*. Também acho interessante rosas brancas e vermelhas aparecerem como símbolos por todos os livros de Carroll, pois estas são as cores do Outro Mundo celta e de Avalon. Lewis Carroll foi muito influenciado por tradições maçônicas, que têm laços com a Aurora Dourada e fraternidades mágicas semelhantes. Portanto, ele pode ter usado essas cores e símbolos deliberadamente, embora nunca teremos certeza disso. Seja como for, as aventuras de Alice nos mostram que espelhos podem nos conectar com outros reinos. E eles também podem nos conectar com o oceano e lagos perfeitamente calmos, refletindo a Lua Cheia.

É curioso também haver tantas efígies, gravuras e afrescos de sereias adornando igrejas por toda a Europa, como visto em uma encontrada em Zennor. Muitos acreditavam que essas decorações representavam indícios de tempos pagãos, quando poços, rios e bosques eram sagrados para os espíritos locais. Mais tarde, quando cristãos começaram a construir igrejas sobre esses pontos, a forma da sereia foi usada para honrar o espírito do lugar e as crenças locais em uma tentativa de arrebanhar convertidos. Espelhos e pentes são muitas vezes incluídos nessas decorações.

Exercício: Como encantar um espelho

Encantar um espelho para ser usado como um portal ou uma ferramenta de visualização pode ser bem eficaz. Isso pode ser feito energizando o espelho com intenção. Primeiro, porém, é preciso purificar e consagrar o espelho com água-benta ou mineral. Feito isso, você deve energizá-lo com sua intenção, para transformá-lo em um portal. Se você não se sentir confortável trabalhando com um portal, ou entrando nele, pode energizar o espelho como uma ferramenta de visualização remota e usá-la do mesmo modo que se utiliza uma bola de cristal ou tigela de água para leitura. Você também pode usar um espelho como um meio para trabalhar com um espírito específico.

Pratique abrir e fechar seu portal de espelho, traçando nele pentagramas com o dedo. É importante que você use os pentagramas de abertura e fechamento ao trabalhar com um portal. Abra o portal traçando um pentagrama de abertura em sua superfície com água-benta. Feche-o traçando um pentagrama de fechamento ou banimento. Não darei instruções específicas para traçar cada pentagrama, pois muitas tradições os traçam de uma forma diferente. Apenas se mantenha no seu próprio caminho ou tradição e os trace como costuma fazer.

Guarde o espelho envolto em um pano preto, quando não o estiver usando. Sempre tome cuidado quando trabalhar com portais, e limpe-o bem depois do trabalho.

Exercício: Como pentear a água

Encontre um pente com o qual quer trabalhar magicamente. Purifique-o como quiser, desde que mantenha um tema aquático, marinho ou de sereia. Em seguida, consagre-o usando água de rosas ou algum outro belo aroma. Se quiser trabalhar com um pente antigo, limpe-o bem primeiro.

Quando seu pente estiver pronto, leve-o para a água. Este ritual funciona melhor na beira do mar, mas, como você viu, há espíritos aquáticos em todos os lugares e muitos relatos de sereias vivendo em lagos também. Apenas para garantir, escolha um lugar onde se sinta confortável e possa caminhar até a água facilmente. Sente-se ao lado do corpo de água escolhido e entre em um estado de consciência alterado. Um estado meditativo suave funcionará, assim como um transe profundo.

Comece a pentear a água, cantando ou entoando suavemente. Você pode usar seu próprio cântico ou canção, ou usar algo como isto:

> Sereias do mar,
> Por tanto tempo ocultas de mim,
> Sereias da maré,
> Vinde a mim, não vos escondeis mais;
> Povo do oceano,
> Ondas delicadas afagando,
> Concedei-me esta bênção.

Penteie a água e cante até sentir que terminou e, então, retorne ao local onde estava sentado e entre em um estado de consciência alterado mais profundo. Abra sua mente às possibilidades de sereias, vendo-as tanto neste plano como no Outro Mundo. Passe um tempo apenas apoiado na possibilidade das sereias. Se por acaso você vir sereias em alguns dos planos, mantenha uma distância segura e apenas observe. Veja seus movimentos, note como elas parecem e interagem com o ambiente. Se elas o virem, suas interações devem ser bem básicas e educadas.

Cuidado! Nunca entre no oceano com o povo marinho, mesmo se quiser! Esses seres e outros espíritos aquáticos têm um péssimo hábito de afogar aqueles que os ofendem. Permaneça na areia a uma distância segura, para não ser arrastado para o mar.

Exercício: Banho de sereia da Lua Negra

Neste exercício, você começará a trabalhar com as energias do povo das sereias e do mar. Este banho funciona melhor se realizado na Lua Negra. Por serem misteriosas, as sereias vivem nas profundezas do mar, e muito provavelmente vivem além do véu, as energias da Lua Negra podem nos aproximar delas. Energize os ingredientes de seu banho com a intenção de se conectar com a energia da sereia antes de entrar na banheira, e lembre-se de levar um pente para esse banho.

Combine os seguintes ingredientes em uma caneca ou tigela e energize-os com sua intenção:

- Alecrim
- Partes iguais de sais de Epsom e marinho
- Bicarbonato de sódio
- Kelp
- Bodelha
- Nove gotas de água do mar

Purifique e consagre seu espaço e use velas pretas, se quiser acendê-las. Comece a encher a banheira com água e despeje na banheira sua mistura energizada. Penteie a água, como no exercício anterior, cantando e entoando, enquanto faz isso. Quando sentir as energias do mar e do oceano, entre no banho.

Usando um espelho para ler, ou apenas na sua imaginação, comece a invocar o povo das sereias com sua canção. Se elas aparecerem, passe um tempo em meditação e converse com elas. Pergunte se vieram de boa vontade. Se sim, continue a falar com elas. Se não, agradeça-lhes pela visita, diga que não quer nada delas e que lhes deseja o bem. Se não tiver certeza de suas intenções, tente perguntar três vezes seguidas. Segundo a tradição, esses espíritos não conseguem mentir três vezes consecutivas.

Pergunte como você pode chamar esses espíritos e se pode contar o nome para outras pessoas. Pergunte como querem que sua relação com eles funcione. Eles estão interessados em ter um companheiro humano ou não gostam da natureza humana? Eles obedecerão a seus pedidos de ajuda no futuro? Pergunte-lhes o que quiser, mas não peça favores ou presentes nas primeiras vezes que contatá-los. Esses são atos muito egoístas e os seres do mar se ofendem facilmente. Se eles lhe derem um presente, ótimo! Caso contrário, tenha certeza de que sabem que você está lá apenas para falar com eles e nada mais. Quando terminar, agradeça pelo presente e pelo tempo. Pergunte se pode visitá-los de novo e se querem que você leve alguma coisa. Não demore a visitá-los novamente, para construir uma relação com esses seres.

Capítulo 9
Poções Aquáticas

Neste capítulo, exploraremos como criar poções e usá-las na magia aquática. Há muitas formas de trabalhar com poções. Alguns acreditam que chá, café, sucos e outras bebidas possam ser utilizadas em poções mágicas, enquanto outros creem que as poções só podem ser destiladas usando técnicas precisas que empregam ciência e astrologia. Sugiro criar poções combinando ingredientes diferentes, em uma base de água, seguindo um dos dois métodos apresentados a seguir. Espero que você comece a utilizar esses métodos para fazer suas próprias poções para usar na sua prática.

Ambos começam com uma base de água. Você pode escolher qualquer tipo de água para essa base, dependendo da sua necessidade. Se for ingerir a poção, use água potável. Se não, pode utizar neve, gelo, água da chuva, de rio, oceano ou qualquer outro tipo. Coloque um rótulo com todo o cuidado. Identifique as poções potáveis e as não potáveis, liste os ingredientes e inclua a data e qualquer informação astrológica que seja pertinente. Se for como eu, provavelmente você fará mais do que precisa usar de uma só vez. Na verdade, recomendo fazer isso, pois é cômodo ter um arsenal de poções prontas para usá-las com frequência. Mas não faça poções e as deixe acumulando poeira em uma prateleira. Vá e faça sua magia! Você pode carregar um frasco ou dois consigo e usá-los em trabalhos mágicos aonde for. Ou pode utilizá-los em ritos devocionais diários, em feitiços simples ou como presentes a outros amigos mágicos.

O primeiro método chama-se "método mãe", que envolve fazer vários lotes de ingredientes-base únicos. Por exemplo, podem-se usar diversos tipos diferentes de água-benta e muitos extratos, hidrossóis e elixires de cristais distintos para fazer misturas, cada qual energizada com um propósito específico e singular. Elas podem então ser combinadas para fazer poções mais complicadas e direcionadas. Pegue uma tigela, caldeirão ou pote e encha três quartos dele com uma água de base, e comece a adicionar seus extratos e elixires. Se quiser, pode adicionar nove gotas de cada uma ou usar um número que se alinhe com seu trabalho. O benefício desse método é que você tem acesso instantâneo à sua poção e não precisa esperar de seis a nove semanas para os extratos amadurecerem, ou 24 horas para deixar as flores em infusão na água.

No segundo método, todos os ingredientes são combinados em uma base de água ou álcool e deixados descansando pelo tempo necessário, dependendo dos ingredientes. Podem-se adicionar artemísia, lápis e conhaque, ou água de rosas, e deixar descansar por seis semanas antes de usar. O benefício desse método é que você cria uma poção única, energizada com um propósito específico. A desvantagem é que, se você não usar álcool o suficiente, a poção pode estragar. Tive experiências com poções que simplesmente *não* deram certo. Isso pode ser uma experiência de aprendizado, no entanto, e fracassar em uma poção também pode ser uma forma de descartar uma fórmula específica. Algumas podem dar incrivelmente certo e você vai querer registrá-las no seu diário. Outras podem ficar fracas, não serem confiáveis ou mofar totalmente. Mas, lembre-se: às vezes, esse mofo pode ser exatamente aquilo de que você precisa – afinal, é mofo aquático!

Cada um desses métodos criará uma poção útil. Use as fórmulas a seguir para adquirir experiência na elaboração de poções. Depois, você pode começar a criar misturas sob encomenda. Você verá algumas fórmulas bem soltas, e elas são assim por um motivo. Nas fórmulas, coloco as medidas em "partes". Quando você mede as coisas em partes – por exemplo, 1 parte de erva e 2 de resina – você pode converter facilmente a medida em algo mais preciso – por exemplo, 28 gramas de erva e 56 gramas de resina, ou 1 xícara de erva e 2 de resina.

Eu chamo meu método de elaboração de misturas de método da "Mulher Sábia". Nesse procedimento, use sua intuição. Deixe as colheres de medida de lado e crie suas misturas, seguindo seu instinto. Afinal, a água é o elemento da intuição! Por outro lado, é sempre bom prestar muita atenção em si mesmo em comparação com as fontes acadêmicas.

Cuidado! Conheça bem suas plantas, pedras, óleos e ingredientes, antes de ingerir qualquer coisa. Você é responsável pelo que coloca no corpo. Consulte um médico antes de usar qualquer erva.

Águas Florais Sagradas

Há duas formas de usar flores e água. A primeira é fazer água para rituais utilizando flores, a outra é fazer suas próprias essências florais.

A água floral é uma água em que você deixa as flores em infusão – em geral, por aproximadamente 24 horas, não mais do que isso. É conservada com álcool e muito concentrada. Em seguida, ela é coada e tratada com uma variedade de métodos, incluindo as infusões solar e lunar. Dá até para adicionar quartzo à água para potencializá-la. Faço minhas águas florais usando várias flores juntas – combinando, por exemplo, pétalas de rosas, amor-perfeito e calêndula. Mas você também pode fazer cada uma individualmente e, depois, combiná-las em um ritual ou feitiço utilizando um conta-gotas. A água assumirá a energia e a intenção das flores usadas. Use águas florais no banho, em rituais e em feitiços.

Essências florais são extratos líquidos ingeridos para tratar questões de bem-estar emocional, desenvolvimento espiritual, saúde mental e corporal. Elas costumam ser feitas como uma infusão de água e sol, usando flores selvagens, de jardim ou compradas em lojas e cultivadas organicamente sem pesticidas. Em seguida, elas são engarrafadas individualmente.

Um lembrete muito importante na elaboração de águas e essências florais é: *conheça suas flores*. É sua responsabilidade saber o que está usando, se é seguro para ingerir ou como pode ser utilizado com segurança na magia. Se não tiver certeza, use rosas, que são seguras e mais fáceis de encontrar.

Qualquer uma dessas misturas pode ser conservada com um pouco de conhaque ou vodca. Se preferir uma água sem álcool, pode deixá-la congelada até quando for usar. Se preferir congelá-la, use um recipiente que expanda. Nesse caso, infelizmente, você terá de utilizar plástico.

Exercício: Como fazer água floral

Compre água destilada ou faça a sua, se puder. Escolha um recipiente sagrado ou uma boa tigela limpa e a encha com metade ou três quartos de água. Coloque as flores flutuando na água. Deixe a tigela sob o sol de uma a duas horas.

Retire as flores e coe a água, se necessário, e então coloque a água em um pote tampado. Dependendo de quanto você tiver feito, adicione aproximadamente um oitavo dessa quantidade de conhaque ou vodca para conservá-la. Se você tiver feito uma xícara de infusão, por exemplo, adicione 1/8 de taça de conhaque.

Elixires de Cristal

Elaborar elixires com cristais é simples e divertido, mas você deve prestar atenção em algumas coisas básicas. Nem todo cristal é seguro para usar, alguns são hidrossolúveis, enquanto outros são completamente tóxicos. Por causa disso, falaremos aqui sobre dois métodos diferentes para fazer elixires sagrados usando cristais: o direto e o indireto. No primeiro, coloca-se a pedra em infusão diretamente na água, o segundo cria uma barreira protetora entre a pedra e a água. Esse é o método que deve ser utilizado com pedras tóxicas.

Cuidado! Não beba nenhuma água em que pedras tóxicas tenham ficado em infusão. *Pesquise.* Uma regra geral é que qualquer coisa da família da ágata ou do quartzo pode ser ingerida em geral. No caso de qualquer outra – pesquise! Se não conseguir encontrar nenhuma informação sobre a pedra que quiser utilizar, mais vale prevenir do que remediar e usar o método indireto. Você também pode utilizar águas de rosas, lunar ou solar e até chá. Na verdade, você pode criar seus elixires usando quaisquer águas preparadas ou coletadas de antemão.

Exercício: Como fazer elixires de cristal diretos

Em um copo ou pote limpo, coloque na sua água favorita uma pedra energizada com sua intenção. Cubra o recipiente, se precisar, e deixe agir durante a noite. Na manhã seguinte, engarrafe o elixir e guarde. No futuro, você pode energizá-lo sob a lua ou o sol.

Exercício: Como fazer elixires de cristal indiretos

Primeiro, escolha sua pedra. Você também vai precisar de duas tigelas – uma pequena e uma grande – e água destilada ou filtrada. Coloque a tigela pequena com a pedra dentro da tigela grande. Despeje a água destilada ou filtrada na tigela grande, sem que a água entre na tigela menor. Deixe agir durante a noite, então retire a tigela pequena com a pedra. Engarrafe a água que sobrar na tigela grande e coloque um rótulo, incluindo a data, o nome da pedra e outros ingredientes usados. Essa água poderá ser bebida, desde que não tenha encostado na pedra.

Modo de Usar de Poções e Elixires

Poções e elixires feitos com os métodos mencionados, e muitos outros, podem ser usados em todos os tipos de trabalhos mágicos. Aqui estão alguns exemplos:

Poção de Cura

Esta poção pode ser usada para ungir velas, borrifar no altar ou para qualquer magia de cura. Para realizar este ritual, você vai precisar de:

- 1 parte de elixir de calcita azul
- 1 parte de elixir de ágata azul rendada
- 1 parte de água herbal de verônica
- 1 parte de essência floral de milefólio

Combine esses ingredientes e adicione-os a um borrifador, ou um recipiente sagrado, durante rituais de cura. Você também pode ungir objetos ou a si mesmo com essa poção.

Poção do Amor

Quem não adora uma boa e velha poção do amor? Esta poção não lhe trará um amor específico, no entanto. Em vez disso, é usada em magia sexual e rituais de amor gerais e é, essencialmente, um afrodisíaco. Para realizar este ritual, você vai precisar de:

- 1 xícara de conhaque
- 1 pitada de losna
- 3 flores de maçã
- 3 pitadas de pétalas de rosa vermelha

Combine os ingredientes vegetais em um pote e despeje o conhaque, cobrindo todos os ingredientes. Deixe a mistura agir por nove semanas, coe e engarrafe. Observe, por favor, que essa poção não tem uma base de água, mas várias gotas dela podem ser adicionadas a um banho ou taça de vinho (piscadela).

Elixir da Lua Tripla

Ao mesmo tempo que este elixir não é o que parece, ele é exatamente o que diz! Esta é uma poção aquosa que você pode engarrafar ou usar como um *spray*. Combina três potentes símbolos lunares – uma pedra da lua, uma rosa branca e uma pérola – com uma base de água prateada. Embora se proponha a ser uma potente poção da lua, também está em ressonância com a Deusa Tripla Wiccana. Apenas jogue os símbolos lunares na água prateada e energize o elixir sob a luz do luar.

Poções Sazonais

Muitas poções são usadas como uma parte dos trabalhos mágicos, em ocasiões específicas do ano ou durante fases lunares especiais. Elas não devem ser ingeridas, mas usadas em preparações para banhos, ou para ungir velas e lançar feitiços. Você também pode utilizá-las em *sprays*, tigelas de oferendas e para lavar o chão ou o cabelo.

- *Beltaine*: Combine flores e folhas de espinheiro, botões de rosa, campainhas, milefólio e elixir de jaspe vermelho.

- *Eclipse*: Combine água solar, água da Lua Negra, quartzo (ou pedra da lua), pedra do sol e pedra da lua negra ou ônix, em uma tigela, e deixe-a ao ar livre durante o eclipse.

- *Equinócio de outono*: Combine elixir de calcita laranja, três folhas de outono de belas cores, folhas de amora, nove rosas-mosquetas e três frutas de espinheiro.

- *Equinócio de primavera*: Combine pétalas de rosa, elixir de quartzo, prímula, açafrão (crocus), giesta e aquilégia esporinha em uma base de água de rosas. Outras essências florais também servem.

- *Imbolc*: Prepare uma tigela de base de neve. Coloque uma vela acesa flutuando. Deixe a vela queimar enquanto a neve derrete. Se não tiver acesso à neve, use água mineral. Polvilhe a água com sorveira e primavera (*Primula veris*) e deixe agir durante o Imbolc. Em seguida, engarrafe e conserve, se necessário.

- *Lammas*: Combine uma base de água de girassol com nove gotas de água (limpa) de lago, e adicione mel e cerefólio selvagem (*anthriscus sylvestris*, não confunda com cicuta d'água).

- *Samhain*: No fogão, combine rosa, alecrim, lavanda e erva-cidreira com ¾ de xícara de seu Merlot favorito. Cozinhe em fogo baixo por alguns minutos, deixe esfriar e coe de modo que só reste o líquido. Derrame o líquido morno em uma grande jarra e adicione os sucos de uma romã e de uma xícara de amoras.

- *Solstício de verão*: Combine cardo, tussilagem, dente-de-leão, urze, elixir de citrino, elixir de calcita amarela e elixir de cornalina.

- *Yule*: Combine cedro, pinheiro e gaultéria em uma base de neve ou gelo. Use imediatamente ou conserve em álcool. (Não deve ser ingerida.)

Água da Harmonia

Colete estas águas, se tiver acesso a elas. Se não, faça modificações, adicionando sal, conchas e algas marinhas na água destilada:

- Água da chuva
- Água de rio
- Água de nascente ou de poço
- Água de oceano
- Água benta consagrada (coletada de uma fonte sagrada ou criada com uma benção)
- Água da Lua Cheia
- Água da Lua Negra

Combine as águas e deixe agir, depois coe. Isso coletará a essência de todas as águas e, dessa forma, você conseguirá colocar seus poderes combinados em seus trabalhos mágicos.

Lavagens e *Sprays* Purificadores

As bruxas aquáticas usam lavagens e *sprays* purificadores para se prepararem para rituais e garantir sucesso nos trabalhos. Aqui estão alguns exemplos.

Lavagem de Cabelo Mágica

As lavagens de cabelo mágicas podem ser utilizadas como parte de um banho ritualístico, ou para purificação e limpeza antes de um ritual. Essas ervas devem ser adicionadas a um banho ou deixadas em infusão em uma tigela de água, na qual seu cabelo pode ser lavado ou mergulhado. Ou você pode usar essa mistura como um *spray*.

- Combine rosa branca, para equilíbrio, com angélica, para limpeza.

- Combine alga marinha, para se conectar com o mar e promover crescimento; com hamamélia, para limpeza do cabelo e saúde do couro cabeludo.
- Combine urtiga, para nutrição, com hortelã, para promover crescimento, e eufrásia, para uma limpeza espiritual, conceder sabedoria, fortalecer o terceiro olho e conectar-se ao Outro Mundo.
- Combine lavanda, para promover beleza, com nove gotas de óleo de rosas, para saúde e equilíbrio.

Lavagem de Chão da Lua Nova

As lavagens de chão são ótimas para purificar uma casa. Gosto de fazer a minha por volta do equinócio de primavera, mas o Samhain também é uma ótima escolha, e qualquer outra ocasião também servirá. Use essa lavagem de chão na Lua Nova.

Comece molhando suas ervas em água mineral ou em uma fonte sagrada. Pode-se usar também água prateada ou água-benta criada com uma pedra de bruxa. Adicione:

- Pétalas de rosa branca, para trazer beleza e serenidade, e acrescente um pouquinho da picada dos espinhos;
- Urze, tradicionalmente utilizada em feitiços de proteção;
- Alecrim, conhecido por banir e curar, e usado em exorcismos;
- Verbena, usada para purificação e consagração.

Conserve a mistura com um pouco de vinagre de vinho branco. O cheiro de todas essas plantas juntas é delicioso! Se o seu piso não for de ladrilho nem de madeira, não se preocupe. Dá para usar a água na forma de um *spray* em qualquer lugar na casa, ou para complementar um ritual de varredura com sua vassoura, se tiver uma. Deixe a porta aberta para varrer todo o passado para fora!

Mistura Básica para Spray

Se tiver restrições para queimar incenso em um apartamento, tiver asma ou apenas preferir usar materiais com base de água, experimente fazer um *spray*. Eles são bem divertidos de se fazer. Você só precisa juntar seu material vegetal, fervê-lo em água e coar. Adicione um conservante, como conhaque ou vodca, e algumas gotas de um óleo essencial. Em seguida, coloque a mistura em um borrifador e deixe esfriar. Gosto de usar a seguinte fórmula:

- 3 partes de material vegetal fervido (coe a água)
- ¼ parte de óleo essencial (você precisa de apenas algumas gotas)
- 1 parte de conservante (como conhaque ou vodca)

Banhos de Cura e Limpeza

Os rituais no banho são bem pessoais, e cada praticante pode realizá-los de diferentes formas. A seguir, dou receitas de banho que são deixadas intencionalmente gerais para você adaptá-las a seu próprio caminho e prática.

Os seguidores dos caminhos neopagãos podem tomar banhos nos sabás – talvez um banho quente cheio de frescas e suculentas maçãs fatiadas, um ritual com velas brancas acesas para o Imbolc, ou um banho para alinhamento dos chacras, usando pedras coloridas ou flores que correspondam ao sistema de chacras. Aqueles que trabalham no caminho da sombra, podem querer tomar banhos extras na Lua Negra e usar coisas como velas pretas, pétalas de rosa e sais negros, para praticar a magia de cura das sombras ou embarcar em uma jornada ao Submundo usando o ralo como um portal. Eles podem até praticar necromancia com incenso e fumaça de losna e artemísia.

Para bruxas marinhas presas à terra, os banhos podem ser necessários para mantê-las equilibradas. Tente experimentar com o sal marinho de regiões diferentes ou até personalizar um. Tenho um potinho de sal que eu mesma fiz das águas marinhas de Okinawa, Japão. Tenho apenas uma pequena quantidade, por isso só uso uma pitadinha por vez, e só quando preciso de um poder extra e um toque pessoal.

Prepare uma agenda pessoal ou marque dias especiais para realizar esses rituais no banho. Rituais de cura são muito importantes. A água, por ser um elemento tanto de vida como de destruição, é a modalidade perfeita para curar as feridas da alma e, também, para proporcionar um casulo confortável e quente para meditações que podem levá-lo a encontrar sua sombra. As possibilidades são infinitas!

Banho de Ametista

Por séculos, a ametista foi vista como um auxílio no combate a vícios. Gregos e romanos faziam cálices dessa pedra para prevenir a intoxicação. Essa pedra é uma ferramenta poderosa para trabalhos com sombras e para lidar com nossos lados mais feios.

Este banho funciona melhor na Lua Negra. Use a água do seu banho como um instrumento para fazer um banho de elixir de cristal. No dia da Lua Negra, prepare-se em um ritual para seu banho. Passe um tempo refletindo em seus vícios e fraquezas. Coloque uma ametista na sua banheira, encha-a de água e coloque velas pretas (ou velas escuras) acesas em volta da banheira. Quando estiver pronto, entre na banheira, tomando o cuidado de não pisar nem escorregar na pedra.

Sente-se e relaxe. Veja onde está a ametista e a coloque na sua barriga ou segure-a na palma da mão. Comece a meditar nos seus vícios ou outras coisas das quais quer se livrar. Terminada a contemplação, saia do banho, deixando o máximo possível de água na banheira. Quando estiver seco, retire sua pedra e abra o ralo. Veja toda a sujeira indo pelo ralo e levando com ela tudo o que você não quer mais. Enxague sua pedra em água fria (não a do banho) e deixe-a sob a Lua Cheia para energizá-la e purificá-la.

Banho de Rosas

Existem rosas de muitos tamanhos, formatos e cores. Algumas podem ter apenas quatro pétalas, enquanto outras possuem mais de cem. Algumas têm um perfume incrível e outras são apenas belíssimas. Seja qual for que você escolher, banhar-se com rosas é simplesmente um luxo! É ótimo para sua pele e para sua saúde espiritual. A rosa fala de mistério, magia, luz e sombra, beleza e perdição.

Junte as pétalas de rosas e encha a banheira com água. Quando estiver ¼ cheia, comece a jogar as pétalas na água. Quando você estiver satisfeito com a sensação, entre e relaxe. Separe esse tempo para molhar-se e curtir – conhecer a rosa. Esses belos botões de rosas têm muito poder, e descobri que eles podem se conectar com quase todos os elementos – as rosas amarelas com o ar, as vermelhas com fogo, etc. Registre as mensagens que receber da doce fragrância das rosas e da água. Você pode achar que a rosa é uma professora gentil e suave, como as doces e suaves pétalas de seu botão, ou você pode considerá-la um mentor mais severo, como os espinhos que protegem seu caule. Seja qual for o lado da rosa que fale, ouça a mensagem transmitida pela água.

Banho de Cristais para Alívio do Estresse

Para este ritual, prepare um elixir de cristal com água-marinha, usando o método direto. Você também adicionará ao banho sais de Epsom e verbena. Leve o elixir para o banho, encha a banheira e prepare o clima com velas azuis.

Quando o banho estiver pronto, adicione verbena, em uma bolsinha ou direto na água, e entre. Sente-se, relaxe e banhe-se por alguns minutos. Quando estiver pronto, pegue seu recipiente com o elixir de pedra com as duas mãos, destampado. Sinta todo o estresse do dia derretendo na hora. Quando estiver preparado, diga:

- Eu relaxo dentro de mim (beba um gole)
- Relaxo por todo lugar (despeje um pouco do elixir no banho)
- Água para dentro (beba)
- Água para fora (despeje o elixir no banho)

Repita isso até acabar o elixir. Deixe a pedra cair na água também. Relaxe, passe um tempo desestressando, deixando a água agir! Quando tiver terminado, saia da banheira, pegue a pedra de volta, enxague-a em água fria e tome uma taça de vinho!

Banho com Cristal de Quartzo para Curar um Ego Ferido

Você pode criar um banho de cristal, colocando vários deles na água, ou criando uma grade de cristais em volta da banheira. Se não trabalha com cristais, ou não tiver nenhum, pode usar também pedras de bruxa, fósseis, pedras de rio ou pedras macias, como ágata ou quartzo que tenham aparecido em uma praia. Este banho pode ser feito em qualquer momento e tira seu poder do quartzo (para liberar memórias e restaurar o equilíbrio), quartzo rosa (para trazer amor e beleza de volta à sua alma e ao seu coração) e quartzo fumê (para ajudar a processar o trauma e perdoar os erros cometidos). A água auxilia a amplificar as propriedades curativas dessas pedras.

Encha a banheira com água e ponha as três pedras. Quando estiver pronto, entre e tome o cuidado para não pisar nas pedras. Acomode-se e relaxe. Então comece pensando na situação pela qual está passando. Concentre-se nela e traga-a para a frente da sua mente. Quando estiver pronto, pegue o quartzo fumê na sua mão e medite com ele. Deixe sua energia fluir para a água e cercar seu corpo. Depois disso, solte a pedra na água e faça o mesmo com as outras. Deixe-as ensiná-lo e, depois, deixe-as cair na água.

Quando achar que o banho terminou, tire as pedras e fique de pé. Destampe o ralo e use o exercício de descarga do capítulo 2 para deixar a água e toda a negatividade descer pelo ralo.

Banho de Limpeza

O objetivo deste ritual é limpar seus corpos físico e energético. Quando você concentra sua intenção na água, a limpeza dos seus corpos físico, energético e do seu espírito deve estar em primeiro lugar. Não se apresse. As ervas e os sais deste banho são bem eficazes para limpar as toxinas do corpo. Então, para realmente aproveitar seu banho, vá devagar! Recomendo fazer este ritual na Lua Cheia, mas também pode ser nas Luas Nova e Crescente.

Comece limpando o banheiro. Quando tudo estiver do jeito que você gosta, ligue a água e comece a encher a banheira. Misture verbena, pétalas de rosa branca, angélica e sal marinho em um prato. Quando a banheira estiver cheia, tire a roupa, pegue um punhado da sua mistura e visualize a lua. Então visualize seu centro cardíaco. Por fim, visualize a água.

Imagine a água quebrando em você e o limpando. Visualize os fardos pesados saindo de seu centro cardíaco. Veja a energia da lua limpando e consagrando-o. Junte todas essas imagens para formar uma bola de luz azul ou uma água radiante em sua mente.

Agora expire essas energias sobre o prato de ervas, energizando-as com sua intenção. Quando sentir que elas estão energizadas, despeje a mistura herbal na banheira e entre. Afunde na água e relaxe, desfrute de vários momentos (ou mais) e sinta a água na sua pele. Feche os olhos e encontre um estado de espírito em que você possa relaxar, respirar ritmicamente e abrir sua mente à visualização.

Quando tiver terminado com sua visualização, repita o feitiço a seguir três vezes:

Ó, águas sagradas, conjuro-vos,
Vinde e limpai-me,
Atendei o pedido pelo qual rogo,
Eo-deo-ah-hey-yeh.

Mergulhe na água, até ela cobrir sua cabeça. Ajuda muito também se você mergulhar na água três vezes enquanto fala o feitiço. Quando estiver pronto, abra os olhos e termine seu banho como quiser. Quando tiver terminado, destampe o ralo e deixe a água escoar, levando consigo qualquer energia indesejada. Esse processo pode ser repetido ou usado como inspiração para qualquer um dos banhos a seguir. Apenas substitua os ingredientes e sua intenção!

Banho da Beleza de Algas Marinhas

Para este banho, você vai precisar de:

- Alga Dulce
- Alga Bodelha
- Alga Kelp
- Nove gotas de orvalho
- Nove gotas de água do mar
- Nove gotas de água-benta ou de um poço sagrado
Combine os ingredientes e coloque na sua banheira.

Banho com Conchas do Mar para Sorte e Prosperidade

As conchas são consideradas muito auspiciosas e podem trazer boa sorte. Escolha sua concha favorita e tome um banho com ela. Ela deve estar na água com você.

Banho para Afastar Mau-olhado

Para este ritual, você vai precisar de:

- 3 búzios
- 3 conchas olho-de-gato (ou de caracol)
- 3 caracóis do tipo lua

Acrescente todas ao banho depois de você entrar.

Banho para Proteção

Para preparar este banho, você vai precisar de:

- Cardo-santo
- Erva-de-são-joão
- Espinheiro-branco
- Sorveira
- Milefólio
- Alecrim

Acrescente os ingredientes ao seu banho e encharque-se com seus poderes protetores.

Banho de Transmutação

Para este banho, você vai precisar de:

- Angélica
- Uma rosa vermelha
- Uma rosa branca
- Uma pérola (pérolas de água doce são uma boa opção)
- Água de uma nascente mágica, santa ou consagrada

Prepare um banho usando esses ingredientes e conecte-se com Melusine.

Banhos Sazonais

Assim como certas poções são usadas em determinadas datas do ano, ou durante certas fases lunares, alguns rituais de banho são mais poderosos nessas datas. Aqui estão algumas receitas modernas que se conectam com as estações e os ciclos lunares:

- *Lua Cheia:* Na Lua Cheia, acrescente ao seu banho uma grande pedra branca circular ou quartzo rolado, um pouco de angélica e um pouco de camomila. Decore a banheira com velas brancas e conecte-se com a Lua Cheia, para deixar o banho mais poderoso.

- *Lua Negra:* Junte rosas vermelho-escuras, uma granada rolada, um ônix rolado, um quartzo fumê rolado e ônix em seu banho. Você também pode usar turmalina negra, mas deve primeiro fazer um elixir de pedra preciosa, utilizando o método indireto. Não coloque a pedra diretamente no banho.

- *Samhain:* Este é o sabá das bruxas. Adicione três fatias de maçã (fatiada de forma a exibir o pentagrama), um punhado de pétalas de rosas vermelhas, uma granada e um suco de amora ao seu banho.

- *Solstício de inverno:* Combine três pitadas de hortelã com um pouco de neve fresca e adicione ao seu banho. Você pode substituir a neve por gelo moído, se morar em um local mais quente.

- *Imbolc:* Adicione sal de Epsom (sal amargo) em sua banheira e coloque velas brancas em volta dela. Antes de tomar banho, crie três cruzes de Brígida e use-as para decorar o banho.

- *Equinócio da primavera:* Adicione pétalas frescas de rosas cor-de-rosa e brancas, amor-perfeito e milefólio na água do banho.

- *Beltane:* Adicione flores de espinheiro (de preferência frescas, mas as secas também servem), pétalas de rosa cor-de-rosa e milefólio na banheira.

- *Solstício de verão:* Adicione cabeças de dentes-de-leão (folhas secas também servem), três pitadas de erva-cidreira, nove pitadas de urze e um pouco de erva-de-são-joão na água do banho. Observação: a ingestão da erva-de-são-joão pode ter uma reação adversa na medicação e no controle de natalidade, por isso, tome cuidado com esse banho.

- *Primeira colheita:* Adicione uma xícara de leite e um pouco de mel em seu banho, para conectá-lo com a Dama de Llyn Y Fan Fach e suas vacas encantadas. Se for vegano, substitua por ½ xícara de aveia. Você pode dedicar este banho para Brígida também.

- *Equinócio de outono:* Lave nove folhas de outono com belas cores com água quente e vinagre e coloque-as em seu banho, com uma cornalina e três pitadas de calêndula.

Outros Banhos Ritualísticos

Os banhos também são tradicionalmente usados para a remoção de maldições, a purificação e o enraizamento, além de várias outras finalidades. Aqui estão alguns exemplos registrados.

- *Eliminação de maldições:* Este banho é um pouco diferente, por ser feito em um corpo d'água – o ideal é que seja um rio, mas também pode ser no oceano – e não na sua banheira. Escolha um local e vista-se de branco. Quando chegar ao lugar escolhido, entre na água de costas para a corrente. Se estiver no oceano, deixe as ondas quebrarem em você ou oriente-se de modo que a maré corra às suas costas. Sugiro entrar no mar apenas até a água bater no seu peito enquanto estiver sentado. Leve um amigo junto e sempre tome cuidado, pois as correntezas de rios e mares podem ser bem fortes.

- *Purificação:* Adicione à água do banho verbena, pétalas de rosa branca e três pitadas de sal marinho, deixando este por último.

Mexa a água no sentido horário três vezes enquanto diz: "Mexendo três vezes as três pitadas de sal expulso todo o mal!".

- *Enraizamento:* Coloque três pedras brancas coletadas em um rio e uma amonita piritizada no seu banho, para enraizá-lo e concentrá-lo. Você pode usar este banho na preparação para um ritual, ou apenas para entrar em um estado mais relaxado e enraizado.

- *Beleza:* Adicione nove gotas de orvalho coletado antes de o sol nascer, no dia 1º de maio, algumas flores de espinheiro e um pouco de milefólio na sua banheira.

Conclusão

A informação encontrada nestas páginas é uma combinação de fatos históricos, folclore e minha própria experiência. Sou obcecada há muito tempo por magia aquática e cultura celta. Durante meus muitos anos de prática e pesquisa, redescobri muitas tradições que foram perdidas no passado e estavam ausentes da maioria dos livros modernos sobre bruxaria. Com o tempo, a informação que descobri começou a se mesclar com minha própria prática mágica, e isso me levou a considerar que havia, na realidade, um culto à água – um caminho espiritual completo – com raízes históricas profundas na Europa e em outras culturas ao redor do mundo. Enquanto esse caminho espiritual ficava claro para mim, eu percebia que era, de fato, um caminho rico em tradição, história e aplicação mágica. Foi isso que me levou a escrever este livro.

Descobri, no entanto, que as bruxas modernas devem fazer ajustes a esse corpo de folclore, para que ele lhes seja relevante hoje. Atualmente há muitas ferramentas, por exemplo, que talvez não existissem há centenas de anos. Por isso, muitas das antigas simpatias encontradas neste livro foram reescritas com minhas próprias palavras e modificadas para caber em uma prática mágica mais moderna. E, ainda que esta obra possa se provar valiosa para pesquisadores ou historiadores, ela foi escrita mais para os praticantes que buscam não só uma tradição e prática autênticas, como também um manual criativo que possa ajudá-los a tirar do passado e informar o presente em sua prática pessoal.

Embora este livro foque principalmente a tradição celta, muitas outras culturas têm uma função em suas páginas. É importante lembrar que, mesmo na Antiguidade, essas culturas eram ligadas por uma troca comercial vibrante e ricas interações culturais. Portanto, muitas das práticas descritas aqui podem não ter se originado com os celtas, mas foram levadas à sua terra por outras culturas, então praticadas e transmitidas por seus descendentes. Os celtas praticavam da forma específica apresentada aqui? Não sabemos. Mas sabemos que essas práticas estão profundamente arraigadas na cultura e no folclore das luxuriantes ilhas verdes que compõem o Reino Unido e além. Praticantes modernos podem modificar essas práticas e substituir elementos e ingredientes pelos encontrados em suas próprias culturas e ambientes. Não há nada mais prazeroso do que trabalhar com água, por causa da variedade de práticas que oferece. Podemos trabalhar com todos os corpos de água e de muitas formas bem diferentes. De águas encantadas a banhos sagrados, de poços sagrados ao mar, de plantas verdes a fósseis antigos, a magia aquática é repleta de poder e mistério.

As fadas e outros seres feéricos também são participantes importantes da lenda contada por este livro. Afinal, não dá para imergir no folclore celta ou bretão sem reconhecer o papel que eles desempenham em muitas das histórias mitológicas e folclóricas que fazem parte da herança do Reino Unido. Eles realmente ainda são reverenciados e homenageados como parte dessa cultura até hoje. A fé nesses seres nunca realmente deixou o Reino Unido e, nos últimos anos, houve um renascimento do interesse no folclore feérico em todo o mundo. É quase como se esses seres clamassem para serem ouvidos – desafiando-nos a acordar e honrar a terra, como fazíamos antigamente, para relembrar os modos antigos e utilizá-los para mudar nosso mundo para melhor. Se não usarmos nossa bruxaria como uma força para a mudança positiva, então, para que ela serviria?

Espero que você tenha gostado da informação e dos exercícios apresentados neste livro. Desejo que eles o inspirem em sua prática e o aproximem da água e dos espíritos que vivem nela. Lembre-se: a água absorve e amplifica as energias e é uma fonte de transformação sagrada, em si e por si. Use as simpatias antigas, crie novas receitas e, acima de tudo, encontre propósito e prazer nas águas sagradas das terras feéricas.

BIBLIOGRAFIA

ALLASON-JONES, Lindsay and Bruce MacKay. *Coventina's Well: a Shrine on Hadrian's Wall*. Trustees of the Clayton Collection, Chesters Museum, 1985.

ARROWSMITH, Nancy et al. *A Field Guide to the Little People*. London: Macmillan London Limited, 1977.

BECK, Horace and Marine Historical Association. *Folklore of the Sea*. Edison, NJ: Castle Books, 1999.

BLACK, George Fraser. *Scottish Charms and Amulets*. Printed by Neill and Co., 1894.

BOYER, Corinne. *Under the Witching Tree: a Folk Grimoire of Tree Lore and Practicum*. London: Troy Books, 2017.

_____. "The Gathering Basket," *The Gathering Basket*. nº 17, June 2016.

BREEN, Katlyn. *Ocean Amulets*. Self-published: Mermade, 1988.

BUCKLAND, Raymond. *Scottish Witchcraft & Magick: the Craft of the Picts*. St. Paul MN: Llewellyn, 2001.

CAMPBELL, John Gregorson and Ronald Black. *The Gaelic Otherworld: John Gregorson Campbell's Superstitions of the Highlands & Islands of Scotland and Witchcraft & Second Sight in the Highlands & Islands*. Edinburgh: Birlinn, 2008.

CARMICHAEL, Alexander. *Carmina Gadelica: Hymns and Incantations; with Illustrative Notes on Words, Rites, and Customs, Dying and Obsolete*. Edinburgh: Floris Books, 2006.

CLARY, James. *Superstitions of the Sea*. St. Clair, MI: Maritime History in Art, 1994.

D'ARRAS, Jean. *Melusine, of the Noble History of Lusignan*. University Park, PA: The Pennsylvania State University Press, 2012.

DAVIES, Sioned. *The Mabinogion: a New Translation*. New York: Oxford World's Classics, 2008.

D'ESTE, Sorita and David Rankine. *Visions of the Cailleach: Exploring the Myths, Folklore and Legends of the Pre-Eminent Celtic Hag Goddess*. London: Avalonia, 2009.

EMOTO, Masaru. *The Hidden Messages in Water*. Hillsboro, OR: Beyond Words Publishing, 2004.

FRAZER, James George. *The Golden Bough*. New York: Macmillan, 1974.

GARY, Gemma. *Wisht Waters*. Richmond Vista, CA: Three Hands Press, 2013.

HOWARD, Michael. *Welsh Witches and Wizards*. Richmond Vista, CA: Three Hands Press, 2009.

HUNT, Robert. *Cornish Fairies*. Penryn, Cornwall: Tor Mark Press, 1995.

KING, Graham. *British Book of Spells and Charms: a Compilation of Traditional Folk Magic*. London: Troy Books, 2016.

KYNES, Sandra. *Sea Magic: Connecting with the Ocean's Energy*. Woodbury, MN: Llewellyn Publications, 2008.

LECOUTEUX, Claude and Jon E. Graham. *A Lapidary of Sacred Stones: their Magical and Medicinal Powers Based on the Earliest Sources*. Rochester, VT: Inner Tradition, 2012.

LELAND, Charles Godfrey. *Gypsy Sorcery and Fortune Telling: Illustrated by Numerous Incantations, Specimens of Medical... Magic, Anecdotes and Tales (Classic Reprint)*. New York: Castle Books, 1995.

MACGREGOR, Alexander. *Highland Superstitions: Connected with the Druids, Fairies, Witchcraft, Second-Sight, Hallowe'en, Sacred Wells and Lochs, with Several Curious Instances of Highland Customs and Beliefs*. London: Gibbings & Company Limited, 1901.

MACKINLAY, James M. *Folklore of Scottish Lochs and Springs*. Glasgow: Reprinted by General Books LLC, 2011.

MCHARDY, Stuart. *The Quest for the Nine Maidens*. Trowbridge: Luath Press Limited, 2003.

MCNEILL, F. Marian. *The Silver Bough*. Edinburgh: Stuart Titles, 1989.

MORGAN, Adrian. *Toads & Toadstools*. Berkeley, CA: Celestial Arts, 1995.

OWEN, Elias. *Welsh Folk-Lore: a Collection of the Folk-Tales and Legends of North Wales*. 1887. Reprinted Oxford: Filiquarian Publishing LLC, 1955.
PEARSON, Nigel G. *Devil's Plantation: East Anglian Lore, Witchcraft & Folk-Magic*. London: Troy Books, 2016.
QUILLER-COUCH, Arthur. *Sacred Wells: a Study in the History, Meaning, and Mythology of Holy Wells & Water*. 2. ed. New York: Algora Publishing, 2009.
ROSS, Anne. *The Folklore of the Scottish Highlands*. New York: Tempus, 1993.
SIKES, Wirt. *British Goblins: Welsh Folklore, Fairy Mythology, Legends and Traditions*. Memphis, TN: General Books, 2010.
The Stratagems, and the Aqueducts of Rome, by Sextus Julius. Frontinus et al., Cambridge, MA: Harvard University Press, 1925.
The Antiquary: A Magazine Devoted to the Study of the Past, Notes and Queries, vol. 22, 1890, p. 103-105, doi:10.1093/nq/s6-i.2.48a.
THOMAS, W. Jenkyn. *The Welsh Fairy Book*. London: Forgotten Books, 2007.
VARNER, Writer Gary R. *Water from the Sacred Well*. Raleigh, NC: Lulu Com, 2010.
WHELAN, Edna. *The Magic and Mystery of Holy Wells*. Chieveley, Berks: Capall Bann, 2001.
WILBY, Emma. *Cunning Folk and Familiar Spirits Shamanistic Visionary Traditions in Early Modern British Witchcraft and Magic*. Brighton, UK: Sussex Academic Press, 2010.

Fontes na Internet

Museum of Witchcraft and Magic [Museu de Bruxaria e Magia], *museumofwitchcraftandmagic.co.uk/*.

Smithsonian Institution, *www.smithsonianmag.com/*.

Textos galeses, *www.maryjones.us/*.

Coulson, Laura. "Legends of the Shellycoat." *www.academia.edu/34879481/Legends_of_the_Shellycoat*.

Hurst, Brian. "Fountains." *www.gardening-uk.com/waterlands/fountains/index.html*.

"Magick in Theory and Practice – Introduction and Theorems." *www.sacred-texts.com/oto/aba/defs.htm*.

Miller, Jason. "Dion Fortune Is Attributed the Saying: 'Magic Is the Art of Changing Consciousness at Will.' What Role Do You See the Ability to Change or Alter One's Own Consciousness as Playing in Magical Practice?" *strategicsorcery.blogspot.com/2010/06/dion-fortune-is-attributed-saying-is.html*.

"The Holy Wells of Somerset." *people.bath.ac.uk/liskmj/living-spring/sourcearchive/fs2/fs2jh1.htm*.

"The Roman Baths." *www.romanbaths.co.uk/*.

"Water." *whatthebleep.com/water-crystals*.

Índice de Exercícios Mágicos

Capítulo 1: A Magia da Água
Como criar um altar aquático 29
Meditação do glifo da água 37

Capítulo 2: Bruxas do Rio
Como se alinhar com um espírito do rio 44
Banho para enraizamento com descarga 49
A cachoeira 52
A bolha protetora 52
A muralha de gelo 53
A onda gigantesca 53
Bênção com água-benta 57
Limpeza da Lua Minguante 58
Spray de cristal 58
Spray herbal 58
Uma rápida aspersão com ervas 59
Banho de purificação na Lua Cheia 60

Capítulo 3: Bruxas do Poço Sagrado
Simpatia com panos 85
Entrada no reino das fadas 85

Capítulo 5: Bruxas do Pântano
Como transformar águas paradas escuras 120

Capítulo 6: Bruxas Marinhas
Observação da lua 126
Como proteger os golfinhos 145

Capítulo 7: Espíritos Aquáticos Locais
Como escolher uma oferenda 156
Como evocar e contatar espíritos 156

Capítulo 8: Sereias e Seu Povo
Como encantar um espelho 177
Como pentear a água 177
Banho de sereia da Lua Negra 178

Capítulo 9: Poções Aquáticas
Como fazer água floral 184
Como fazer elixires de cristal diretos 184
Como fazer elixires de cristal indiretos 185